转售价格维持的法律规制研究

黄秋娜 著

中国农业出版社
北 京

图书在版编目（CIP）数据

转售价格维持的法律规制研究 / 黄秋娜著. -- 北京 ：中国农业出版社，2024. 12. -- ISBN 978-7-109-32994-2

Ⅰ. D922.294.4

中国国家版本馆 CIP 数据核字第 2025ZE6714 号

中国农业出版社出版

地址：北京市朝阳区麦子店街 18 号楼

邮编：100125

责任编辑：张　丽

版式设计：小荷博睿　　责任校对：吴丽婷

印刷：中农印务有限公司

版次：2024 年 12 月第 1 版

印次：2024 年 12 月北京第 1 次印刷

发行：新华书店北京发行所

开本：700mm×1000mm　1/16

印张：10

字数：175 千字

定价：78.00 元

前言

FOREWORD

转售价格维持是反垄断经济学和反垄断法中最具争议性的问题之一。Leegin案之后，美国对转售价格维持的规制原则发生了重大变化，其他国家的立法及司法在一定程度上也受到了影响。我国反垄断执法与司法部门也因这种影响而对有关转售价格维持的法律规定产生了适用中的分歧。并且，我国经济现实中存在大量的转售价格维持行为，这些转售价格维持行为往往与非价格限制行为相结合。如何根据我国的实际情况对转售价格维持行为进行规制是需要深入研究的问题。以此为背景，本书的研究内容主要包括以下几个部分。

第一部分，绪论。介绍本书的研究背景、研究意义、国内外研究现状、主要研究内容与研究方法、主要创新之处与不足等，为下文的研究提供基础。

第二部分，转售价格维持的一般解读。转售价格维持是经营者与其交易相对人约定，就其向交易相对人供给的商品，在交易相对人转售给第三人时必须执行一定的价格条件。转售价格维持在商业实践中有多种表现形式，并且可能会以某种合法的形式进行伪装从而达到规避法律的目的。界定转售价格维持并总结其特征，将其与相邻概念相区分，从多角度识别转售价格维持，是把握其实质并采取适当规制措施的基础。转售价格维持主要表现为固定价格、限定最低价格、限定最高价格、规定区间价格等几种形式，既有生产商主导型、零售商主导型，也有共同主导型，既有双边协商型也有单边政策型。从经济属性上讲，转售价格维持属于松散型的纵向一体化表现形式。从法律属性上讲，双边协商式转售价格维持具有契约的性质，而单边政策型转售价格维持具有反契约性。

第三部分，转售价格维持法律规制理论及抉择。作为反垄断经济学及反垄断法中颇受关注的问题，转售价格维持的法律规制存在违法论与合理论的对立。违法论主要从品牌内竞争及便利生产商或经销商共谋两方面进行推理与论证，认为转售价格维持具有限制品牌内竞争及促成生产商或销售商卡特尔的消极效果；而合理论从防止搭便车、避免双重加价、证明产品质量、解决需求不确定性问题等四个方面，认为转售价格维持具有促进竞争的积极效果。但实证经验证明，违法论在多数情况下是不成立的。合理论虽然在特定条件下可成立，但其以垄断生产商的效率为导向，不具有普遍适用性。在有限度地承认其积极效应的前提下，转售价格维持的法律规制不应以生产商立场的合理论为核心，而应注重对零售商的保护，并以消费者福利为根基。

第四部分，代表性国家和地区转售价格维持法律规制及启示。主要分析美国、欧盟、德国和日本的转售价格维持法律规制，总结其可借鉴之处。美国对转售价格维持的规制是凭借判例法确立的。美国法院最初主要依据《谢尔曼法》中有关“共谋及限制贸易”的规定，将转售价格维持视为生产商通过契约限制零售商交易自由的行为，进而以本身违法原则对其进行规制。但美国各州立法都经历过基于对中小零售商的利益保护而使转售价格维持合法化的阶段。整体上美国法院较为重视经济分析理论的应用，对生产商主导的单边型转售价格维持较为宽容。在 Leegin 案中，美国联邦最高法院彻底转向保护生产商的效率。欧盟对转售价格维持的规制立足于经济一体化中的经济自由，在价值取向上强调对经销商竞争自由的保护，只是受 Leegin 案的影响，开始允许生产商的效率抗辩。德国对转售价格维持的法律规制考量了生产商与零售商之间的力量对比，并基于此认为应保护零售商的自由竞争利益。日本的立法内容移植了美国法，但在法律实施的过程中法院和执法机关均认为转售价格维持是单方强制性行为，是阻碍自由交易、自由竞争的行为。这些国家和地区对转售价格维持的规制经验表明，应在价值取向明确的基础上采取规制措施，并注重对经销商的竞争自由的保护。

第五部分，我国转售价格维持法律制度的变革及评述。理论上对我国原《反垄断法》有关转售价格维持的规定存在不同解读，对转售价格维持的法律规制原则存在分歧，导致了执法与司法上对待转售价格维持的差异。

这种差异不仅产生了实务中的困惑，也产生了不必要的论争。《反垄断法》修订后，对有关转售价格维持的条文位置进行了调整，并增加了安全港规则，但是仍未能解决具有相对优势的生产商或者经销商单方限制转售价格的法律定性问题。究其原因，主要在于我国并未明确转售价格维持法律规制的价值取向，未明确对单边政策型转售价格维持进行规制，对一些需要豁免的领域未进行明确的规定。

第六部分，完善我国转售价格维持法律制度的思考。我国反垄断法作为维护市场秩序的重要法律规范，蕴含着多元价值取向，当对某一具体行为进行规制时往往会确立一种主导性的价值导向作为优先考量，在某些情况下需要兼顾次优价值。我国的转售价格维持多由处于相对优势的生产商主导，并且多与其他纵向非价格限制手段相结合，体现的是主导者的单边意志，属于典型的单边政策型转售价格维持。因此，对其规制应以经销商或零售商的竞争自由为导向，同时将消费者福利作为竞争自由的边界。在规制进路的选择上，将单边型转售价格维持纳入滥用相对优势地位行为，对双边型转售价格维持则允许进行效率抗辩。对于奢侈品及纸质出版物等对特定社会成员十分有利或者对社会整体文化利益有重要影响的行业，则应允许转售价格维持的除外适用。

本书针对我国企业的转售价格维持行为，分析其在我国经济环境及市场结构下的经济效应，提出可行的转售价格维持审查模式，主张对转售价格维持应区别对待：对双边型转售价格维持以现有规定进行规制，考察其对消费者福利的影响；对单边政策型转售价格维持以保护经销商的竞争自由为导向，以滥用相对优势地位行为进行规制，同时考虑到奢侈品和纸质出版物等较为特殊的产品，通过适用除外制度做出例外性规定。这些主张不仅可以为我国反垄断立法的完善提供方案，也可以为我国反垄断执法实践提供理论支持。

著　者

2023 年 12 月

目录

CONTENTS

1 绪论

转售价格维持（resale price maintenance，RPM），又称转售价格限制、纵向价格限制、纵向价格固定、纵向价格约束、维持转售价格、维持再销售价格、纵向垄断协议等，是指经营者与其交易相对人约定，就其向交易相对人供给的商品，在交易相对人转售于第三人时必须执行一定的价格条件。如生产商在将产品售于批发商时，要求批发商必须以一定的价格售于零售商，或者批发商在将产品售于零售商时，要求零售商必须以一定的价格售于消费者等。经营者的这种约定，从形式上讲包括固定转售价格、限制最低转售价格、限制最高转售价格等几种情形，并且往往伴随着不遵守约定时的惩罚措施，如断绝供货、没收保证金、取消供货价格优惠等。我国现行《反垄断法》第二章是有关“垄断协议”的规定，其中第十六条界定了垄断协议的概念，第十八条规定了纵向垄断协议的有关内容。本书认为“协议”强调双方的合意或约定，而在实践中多数价格限定行为系由一方主导，交易相对人被迫接受，并非双方合意之结果，故采“维持”用语，意指并非单指双方合意或约定的情形，还包括因一方的市场势力而被迫接受的情形，即在内涵上，“维持”既包括合意的价格限制，也包括非合意的价格限制。但需要说明的是，在本书行文过程中，为与纵向非价格限制行为相区别或对照，或者在引用论著原文的情况下，也会使用“限制转售价格”用语。

1.1 研究背景

首先，转售价格维持是反垄断经济学和反垄断法中颇具争议的问题之一。就转售价格维持对竞争所产生的影响而言，很多国家法学界以及经济学界因观察视角不同而有不同的见解，如美国经济学界的哈佛学派、芝加哥学派及后芝加哥学派就如何规制转售价格维持问题，见解并不一致。这种不一致映射到美国立法及司法实务中，表现为对待转售价格维持问题的态度在不同时期因不同的价值取向而截然不同。美国曾公开立法支持转售价格维持，后又废除有关法律。司法判例名义上一直遵循本身违法原则裁决转售价格维持有关的问题，但2007年的Leegin案却推翻了这一法律适用原则。这种做法不仅在美国引起困惑，在其他国家也引发不少争议。国内学界往往对支持自己观点的解释进行引用，对不支持自己观点的解释避而不谈，这种情况下得出的结论不免片面。转售价格维持究竟是否对竞争产生不利影响，究竟是否有超越竞争的收益存在，究竟应如何规制，确实有进一步探究的必要。

其次，我国应如何规制转售价格维持存在诸多未决的疑难问题。与发达国家的市场经济相比，我国的市场经济起步较晚，保障市场经济发展所必不可少的有关法律大多借鉴于发达国家。美国作为发达国家的代表，其发达的法律制度一直为其他国家所仿效。但是，美国是判例法国家，其以判例而形成的法律规则往往呈现出较大的不稳定性，极易受到公共政策及有关经济学理论的影响。具体到反垄断法领域更是如此。而我国作为大陆法系国家之一，有着深厚的成文法传统，对有关事项做出明确法律规定，尽量避免法律适用中的歧义与矛盾是立法的追求与目标。我国《反垄断法》于2007年8月30日颁布，自2008年8月1日起施行，迄今已逾15年。自《反垄断法》施行以来，其所规定的各种行为都曾在现实中出现并受到了相应规制，可以说《反垄断法》已经深入人心。但转售价格维持行为在服装、珠宝、香烟、啤酒、家电、手机、汽车、石油、图书、药品等产品销售中广泛存在。2013年前后，我国反垄断执法机构就奶粉、汽车、高端白酒领域处理的几个转售价格维持案例使这一行为的合法性问题进入公众视野。2013年强生案的判决更是引发了激烈的讨论。争议的焦点集中在《反垄断法》有关垄断协议的三个条文之间的关系，以及对垄断协议的规制原则。强生与锐邦公司诉讼案，茅台、五粮液被处罚案都涉及这两个条文的解释与适用。从实务的角度看，该问题有深入探讨的必要。

如果转售价格维持是合理的商业行为，政府介入管制的正当性何在？如果转售价格维持是不合理的商业行为，为什么在我国普遍存在品牌企业采用这一行为的现象？纵向非价格限制的主体性要件是限制主体具有市场支配地位，对纵向价格限制则无关于市场支配地位的要求，其原因何在？如果考察反垄断法的发源地——美国，可以发现美国反托拉斯法最初对限制交易行为的规制并未区分价格限制与非价格限制，并且无论纵向的价格限制还是非价格限制均被视为卡特尔或共谋契约。卡特尔的本质是契约，契约的核心是合意，并非一方对另一方的强制或胁迫。如果是双方合意的结果，则自由竞争价值是否受到损害？公平竞争是否受到损害？

结合我国《反垄断法》的规定，反垄断执法机构应如何执行？垄断协议是否必须是联合一致的协议、决定或其他协同行为？生产商单边强制对经销商做出的价格限制是否为“协议”？生产商与经销商之间的关系是否对转售价格维持的定性产生影响？我国《反垄断法》对转售价格维持进行规制的价值取向为何？对转售价格维持应适用什么原则？对转售价格维持应采用什么样的审查模式？对价格限制与非价格限制相结合的情形如何规制？对价格限制与非价格限制是否需要区别规制？对最高转售价格维持应如何规制？如何对建议零售价进行规制？对图书等特殊商品是否可适用转售价格维持？奢侈品是否可以适用除外？汽车行业的转售价格维持有什么特殊性？这些问题对执法机关和经营者都很重要，如何解决这些问题需要深入思考。

1.2 研究意义

本书选取“转售价格维持的法律规制”作为研究对象，具有重要的理论和现实意义。

本书有助于创新和发展我国转售价格维持理论。首先，我国有关转售价格维持理论的发展还相对滞后，对国外有关理论的研究还缺乏与中国实际的结合，更缺乏实证经验的支持。要想全面看待转售价格维持的经济效果，需要对既有的理论进行整合、对比与论证。另外，我国的转售价格维持行为多与其他纵向非价格限制行为同时出现，两者相结合情况下对市场竞争会产生何种影响以及产生这种影响的关键因素是理论上要回答的问题。各国规制转售价格维持的立法及司法实践差别较大，产生这种差别的原因在于立法与执法的价值取向不同，价值取向的不同决定了对待转售价格维持的态度不同，对我国反垄断法规制转售价格维持的价值取向的研究有助于丰富我国反垄断法理论。

本书能够为反垄断执法与司法提供理论支持。通过对已有经济研究成果及各国法制的介绍及分析，讨论我国《反垄断法》修订前第十三条、十四条及十五条的规定及相互关系，分析其立法得失并提出改进建议，并对修订后的《反垄断法》相关条文进行评述，供《反垄断法》执法与司法参考。美国 Leegin 案之后，理论上赞同我国对转售价格维持适用合理原则的观点占据多数，司法实践中也有相关案例采纳了这种观点，比如锐邦诉强生案。与此同时，国家发改委对合生元等奶粉企业、茅台和五粮液等白酒企业、博士伦等眼镜企业、奥迪等汽车企业有关转售价格维持的行为进行了处罚。总体上，我国的转售价格维持案例仍然面临着论证不足、说服力不强等状况，一方面归因于立法缺陷，如立法过于笼统并且存在体系上的矛盾等问题，另一方面归因于有关理论支持不足。本书针对我国企业的转售价格维持行为，分析其在我国经济环境及市场结构下的经济效应，提出可行的转售价格维持审查模式，主张对转售价格维持采取区别对待策略：对双边型转售价格维持以现有规定进行规制，考量其对消费者福利的影响；对单边政策型转售价格维持，以保护经销商的竞争自由为导向，以滥用相对优势地位行为进行规制，同时考虑到奢侈品和纸质出版物等较为特殊的产品，通过适用除外制度做出例外性规定。这些主张不仅可以为我国反垄断立法的完善提供方案，也可以为我国反垄断执法实践提供理论支持。

1.3 国内外研究现状

目前，国内外学界对转售价格维持的研究比较多，其中经济分析的研究成果主要来自国外，国内对此研究较少；特别值得注意的是，《反垄断法》修订前，国内学界的研究主要集中在对转售价格维持的规制原则及体系化解释方面，《反垄断法》修订后，国内学界的研究主要集中在安全港规则的适用方面。

1.3.1 国内研究现状

认为应对转售价格维持适用合理原则的观点：李剑、唐斐（2010）认为，不应当全面严格禁止转售价格维持，应构建以市场结构为标准的筛选机制来防止负面效应。许光耀（2011）认为，应适用合理原则规制转售价格维持，但合理原则的适用情况非常复杂，首先要考察市场结构，如果不满足市场结构条件，则不需要进一步分析。刘燕南（2012）认为，同时使用多渠道销售与转售价格维持会使分销商失去价格竞争手段，会促使他们纷纷采取行动提升质量，从而导致销售渠道和服务的同质化。黄勇、刘燕南（2013）认为，对转售价格维持应坚持合理原则，但应设置条款避免其变为“本身合法”，要考察客观要素、主观动机、合理分配举证责任。张骏（2013）认为，应采用美国的合理原则，并将市场结构作为筛选机制。王玉学、杨丽君（2013）认为，为简化针对转售价格维持协议的执法流程，可先判断市场结构，如果市场结构比较集中，则有必要禁止这类协议，否则，没有必要干预。蔡珊珊（2013）认为，政府管制中的定价机制如果运用得当，能促进市场竞争。曾晶（2014）认为，锐邦诉强生案中上海高院的判决采用了合理原则，借鉴了欧美国家的最新做法，遵循了立法原意；对转售价格维持的评价，应主要考察其是否提高了效率；对效率的认定，应主要考察销售市场情况。任建新（2014）认为，产能约束的有无，是决定转售价格维持是否损害消费者福利的关键因素。基于此，对此于纵向合约，要么同时禁止固定价格和固定数量的类型，要么都不禁止。郭宗杰（2014）认为，我国应明确适用合理原则，制定有针对性的豁免条件，以适应我国现阶段现实需要并承接欧美演进趋势。李剑（2014）给出了合理原则下对转售价格维持协议违法性的分析模式。兰磊（2016）认为，应该对转售价格维持适用合理原则，并根据经济学的研究成果对相关分析方法进行简化和构建。也有观点以明确反对适用本身违法原则的方式来支持适用合理原则。如丁茂中（2017）认为，无论是将限制或者排除品牌内部市场竞争作为禁止转售价格维持的理由，还是因转售价格维持可能成为实施横向垄断协议的手段，从而原则性地禁止转售价格维持，均属于立法错误。因此，对转售价格维持应采用合理原则。

认为应对转售价格维持适用本身违法原则的观点：王长秋（2006）认为，美国对转售价格维持的规制是随着零售方式、经济学理论及政治领导人的变化而变化的，其中政治因素是主要原因。何治中（2008）认为，我国应采用本身违法原则与豁免原则规制转售价格维持，这样可以提高法律的稳定性与可预见性，但豁免的范围和标准需要进一步研究。厉潇逸（2013）认为，我国不应将合理原则作为发展趋势，而应学习欧盟、日本等适用本身违法原则。他觉得茅台、五粮液属奢侈品，无关国计民生，发改委对相关企业的处罚是滥用权力、干扰企业经营自主权。但他同时又认为发改委的罚单符合法律规定，符合国际做法。徐新宇、高牟（2013）认为，欧盟、美国境内的纵向价格限制已不普遍，而我国的纵向价格限制问题却异常严重，其根本原因在于我国经营者管理能力不足、管理人员存在严重惰性，同时制造商与分销商对均衡利润都有追求。王健（2014）认为，转售价格维持应适用违法性原则，以其排除、限制竞争的目的或产生的效果为规制依据。叶明、郑淑媛（2014）认为，转售价格维持具有市场危害性，因此适用本身违法原则。在此基础上，若允许被告主张豁免责任并承担举证责任，可有效节约执法和司法成本。张骏（2015）认为，我国《反垄断法》有关转售价格维持的规定是以欧盟法为蓝本制定的，对其采用合理原则的法律依据不足。另外，他提到，我国竞争法、反垄断法相关教材几乎都认定转售价格维持本身违法。李剑（2019）认为，经济学推动了反垄断法分析从当然违法原则向合理原则的转变，但仅仅证实行为“可能”具有合理性并不能满足法律规范构建所需要的确定性、普遍适用性，合理原则在分析转售价格维持时的“应然”地位值得质疑。王晓晔（2021）认为，我国司法实践和相关司法解释移植了美国的合理原则，但合理原则总体上不利于我国的消费者，并且与《反垄断法》中的“原则禁止＋例外豁免”的分析框架相冲突，也没有考虑我国零售业的现状；而“原则禁止＋例外豁免”的适用思路比较科学和合理，不仅可以降低错误评估的概率，而且可以减少执法成本，提高执法效率。

除对转售价格维持的规制原则进行研究之外，国内学界对转售价格维持的规制体系及本土化适用路径，对奢侈品、汽车及图书销售领域的转售价格维持豁免问题也有专项研究。例如，洪莹莹（2015）认为，我国司法机关和执法机关对转售价格维持的分析思路存在差异，这种差异是美国和欧盟经验对我国反垄断法的制定和实施产生的双重影响和异向导引所致，对此，应进一步完善立法，保持我国反垄断制度体系的一致性及特殊性。张骏（2017）认为，我国转售价格维持制度深受欧盟及美国经验的双重影响，并由此产生了两种无法兼容的规制路径，对此，我国应明确路径选择与我国经济发展状况及经济学发展状况的契合度，采取可抗辩的违法推定规则。李剑（2011）认为，奢侈品的高价格、低产出满足了消费者的特殊心理需求，应对其进行豁免。吕伟、张凯、党力（2014）持相同的观点。王曦（2014）对德国、法国、韩国和日本在图书领域的转售价格维持制度进行了介绍。于立、徐洪海、冯博（2013）以图书行业的“跳单”行为为研究对象，认为如果图书企业的转售价格维持行为确实产生了明显的排除和限制竞争的效果，则应该支持消费者的跳单行为；如果跳单行为导致了严重的搭便车问题，则应该豁免图书企业的转售价格维持行为。唐要家（2013）认为，我国图书出版环节的行政垄断及转售价格维持是造成图书定价过高的原因。管霞霞（2016）认为，汽车销售纵向组织结构的差异会对市场行为和市场绩效产生影响，其中，单一的排他性经销模式易引发垄断问题，因此，对转售价格维持行为应适用本身违法原则进行审查。袁嘉、袁波（2014）认为，我国汽车零配件市场的转售价格维持产生了极其严重的负面效应，一方面限制了汽车零配件品牌内的竞争，另一方面诱发了供应商或经销商之间横向垄断协议的产生。

《反垄断法》修订后，安全港规则成了新的研究热点。许光耀（2023）认为，转售价格维持行为既不能消除生产商所在市场的竞争，也不能消除经销商所在市场的竞争，真正的垄断行为是其中一方当事人的滥用市场支配地位行为或者垄断协议行为，而新修订的《反垄断法》第十八条存在方向性误差，需要予以补充或软化。徐颖、郭学兰（2022）对安全港规则的适用范围及适用条件、相关市场的合理界定及合理准确计算经营者的市场份额等问题进行了解析。徐则林（2023）认为，安全港规则确立了转售价格维持案件中的新型分析模式，即“禁止＋合法推定＋豁免”，在具体适用过程中需要排除严重限制竞争的核心限制行为，合理界定相关市场及市场份额，并给予安全港规则更具弹性的适用空间。刘继峰（2023）认为，安全港制度混淆了自身与一般豁免制度的关系，导致偏离了安全港制度原本追求的目标和效率。因此，该制度需要完善实体性条件并细化程序性条件。马栋（2023）认为安全港规则存在适用模式模糊、与现有立法实践存在认知分歧、适用范围与垄断协议规范体系存在冲突、透明度不足以及在数字市场中不适用等问题，并围绕这些问题提出了完善的建议。王慧群（2023）认为，我国的安全港规则不同于其他国家，要求经营者承担市场份额等证明责任，其本质是监管机构将高昂的信息成本分摊给了被监管者。

1.3.2 国外研究现状

国外学者对转售价格维持制度的研究多以欧盟或美国的制度为主，并将其放在纵向限制行为的框架下进行。Joanna Goyder（2011）、Valentine Korah 以及 Denis O'Sullivan（2002）主要对欧盟竞争法框架下的分销行为进行了研究。Theodore L. Banks（2012）主要对美国法之下的分销行为规制原则与实践进行了研究。Sandra Marco Colino（2010）主要对欧盟和美国竞争法在纵向协议规制方面展开了比较研究。David W. Boyd（1996）对转售价格维持、地域限制以及产品生命周期之间的关系展开了研究，认为转售价格维持虽然能在一定程度上解决搭便车问题，但并不能将其完全消除。而且，在转售价格维持机制下，搭便车问题的严重程度与产品的生命周期相关。具体而言，产品的生命周期越长，搭便车问题就越严重，生产商就越愿意选择地域限制而不是转售价格维持策略。Frank Mathewson、Ralph Winter（1998）对转售价格维持进行了经济分析，并对 1986 年以来加拿大竞争法相关案例展开了评析，认为最典型的转售价格维持类案件都是制造商的单方行为，其目的在于改变零售终端产品销售时价格竞争与非价格竞争的组合态势。此外，美国法律对协议性质的转售价格维持的态度已经相对宽容。Yong min Chen（1999）对简单商品使用转售价格维持进行了研究，认为最低转售价格使简单商品的批发价较低，平均零售价也较低，而打折销售的简单商品的价格则较高。Patrick Rey、Thibaud Verge（2009）认为连锁经营中的转售价格维持确实能消除竞争，无论是品牌内竞争还是品牌间竞争。Pauline M. Ippolito（1988）对美国有关垂直价格固定的203个案例样本进行了分析，认为共谋理论只能解释这些样本中不到15%的案例，并且这些以共谋作为案由起诉的案件大部分都涉及水平价格固定而不是转售价格维持。服务提升理论能够较好地解释转售价格维持。Elizabeth M. Bailey、Gregory K. Leonard（2010）对马里兰州电子游戏领域的转售价格维持进行了分析，认为马里兰州禁止转售价格维持之后，电子游戏的价格并未受到影响，这是因为制造商利用了其他工具，比如最低广告价，达到了与最低转售价格维持一样的效果。基于此，他们认为禁止最低转售价格维持会减损社会福利。Brannon J. Isaac（2003）以威斯康辛州的两个主要汽油市场为测试对象，发现当该州加重不公平买卖法的处罚力度时，该州零售加油站在批发价基础上加价的平均水平显著上涨，而在该州之外的市场却没有出现同样的变化。这表明，无论政府何时想要利用市场力量，带来的后果不过是会延缓消费者不可避免要支付巨大成本的进程罢了。Lester G. Telser（1960）认为，当单一制造商对某一差异化产品具备某种程度的垄断力时，其利用转售价格维持的目的在于引导那些销售其产品的经销商提供特殊服务，进而提高产品的总销售量。另外，一群制造商还有可能将转售价格维持与独家交易相结合，以此作为制造商卡特尔的一部分运作方式。Jarad S. Daniels（2016）认为，Leegin案之后，美国司法部、美国联邦贸易委员会以及美国联邦最高法院都面临着如何在合理原则之下规制转售价格维持的问题。Julie Beth Albert（2012）对网络最低广告价现象进行了分析，认为网络最低广告价落入了典型的转售价格维持和非价格广告限制的灰色地带，可能会违反州和联邦反垄断法。

1.3.3 现有研究评析

国外研究成果以美国法、欧盟法为研究对象者居多，其背景是美国与欧盟的经济环境与法律适用机制，较为显著的特征是注重实证研究，但缺乏对中国现实问题的关注，也缺乏对中国法律适用的分析。在我国《反垄断法》出台之前，我国学界对转售价格维持所开展的专门研究较少，只有零星的几篇文章，主要是对《反垄断法》草案有关规定进行的研究。在《反垄断法》出台之后，开始有文章研究转售价格维持的规制原则，大多支持对其适用本身违法原则。在美国 Leegin 案判决以后，学界的观点发生了转向，认为对转售价格维持应考虑合理原则。在我国锐邦诉强生案之后，学界的观点更加倾向于转售价格维持应适用合理原则。这些观点多数认为应当建立市场结构的筛选机制，而后分析转售价格维持行为是否对竞争产生了影响。这仍然是横向共谋理论的延展，而横向共谋已经被美国的实证分析证明是极少发生的。我国现有研究主要以美国的法律规范、判例为范本分析转售价格维持的规制原则，对我国应适用何种原则往往以其他国家尤其是美国目前的立法或司法走向为基础或参考依据，然而，多数研究既缺乏对我国经济现实的考量，也缺乏在更大范围内对不同国家立法与司法情况进行比较和借鉴比较与借鉴，并且无法解释为何大多数大陆法系国家和地区，针对转售价格维持均采用本身违法原则。仅就我国《反垄断法》的文本进行分析时，有不少观点认为我国原则上禁止转售价格维持，其性质在本质上等同于本身违法原则。在经济分析方面，我国学界继受了国外学界的经济分析结论，但没有对其分析结论的中国适用性进行验证。在对经济分析结论的引用方面，往往只引用支持自己观点的结论，对不支持自己观点的结论则避而不谈，这样得出的结论显然缺乏足够的说服力。唐要家（2013）较为系统地对目前我国转售价格维持的经济效应进行了分析，但其对转售价格维持的经济分析只是对国外已有结论的经济分析过程进行了呈现，并未对我国大量存在的转售价格维持现象进行实证分析，也并未对其存在的国情原因及合理性进行分析。归结起来，对转售价格维持的规制问题，需要结合我国国情，对有关经济分析结论的中国适应性进行论证；需要深入思考采用合理原则与本身违法原则的深层次原因，进而指导我国的执法实践；需要探讨合理原则的适用路径，以及本身违法原则的适用除外范围。

1.4 主要研究内容

本书的主要研究内容包括以下几个方面。一是绪论：介绍本书的研究背景和研究意义，对国内外研究现状进行归纳梳理，重点指出本书的研究价值及研究方法，为下文的研究提供基础。二是转售价格维持的一般解读：对转售价格维持的概念进行界定，揭示其与相邻概念的区别；根据价格内容、主导力量及实施方式对转售价格维持进行分类，并对转售价格维持的法律属性进行分析。三是转售价格维持法律规制理论及抉择：针对转售价格维持法律规制理论的争鸣，对转售价格维持违法论的立论基础进行检验，对转售价格维持合理论的解释力进行反思，结合经济现实对违法论与合理论各自的适用范围进行厘定并指出转售价格维持法律规制理论的选择标准。四是代表性国家和地区转售价格维持法律规制及其启示：对美国、德国、欧盟和日本转售价格维持法律规制的演进历程及现状进行分析，得出转售价格维持法律规制的一般性启示。五是我国转售价格维持法律制度的变革及评述：对我国转售价格维持法律制度的理论争鸣及实施中的困境进行分析，指出现行制度存在的主要不足。六是完善我国转售价格维持法律制度的思考：针对我国现行转售价格维持法律制度中存在的不足，指出我国应明确转售价格维持法律规制的价值导向，在此基础之上应将单边政策型转售价格维持归入滥用相对优势地位行为进行规制，并应在立法上明确规定转售价格维持适用除外的具体情形。

1.5 主要研究方法

常言道："工欲善其事，必先利其器"，分析问题、解决问题亦如此。转售价格维持是一种商业行为，对其进行经济分析至关重要。由于各国对转售价格维持的态度各不相同，寻根溯源离不开比较分析。我国立法中的问题是通过具体的案例暴露出来的，案例分析不可缺。故而，经济分析方法、比较分析方法、案例分析方法便成了本书的主要研究方法。

其一，经济分析方法。作为经济学和法学共同关注的问题，经济学对转售价格维持的研究成果曾深刻影响了美国的司法实践，进而影响了有关的法学研究，可以说经济学研究是法学研究的基础。因此，对转售价格维持的研究必然离不开经济分析，经营者实施转售价格维持的动机是什么？它会产生什么样的经济效果？是正面的还是负面的？反垄断法对转售价格维持协议进行规制的正当性基础是什么？它对品牌内竞争与品牌间竞争有何影响？品牌内竞争重要还是品牌间竞争重要？品牌内竞争是否必须存在？如果品牌间竞争提高了效率，效率如何被证实？诸如此类的问题，都需要通过经济分析的方法寻找答案。

其二，比较分析方法。我国《反垄断法》有关转售价格维持的规定借鉴了发达国家的相关立法。其中，大陆法系的德国、日本的反垄断立法都有明确的法律条文。大陆法系的一个共同特征在于明确禁止转售价格维持，特定情形下允许例外。美国的反垄断法源远流长，有众多判例可供参考，却没有明确的立法条文。美国法律对转售价格维持的态度则因经济形势的不同而摇摆不定，从《谢尔曼法》中的原则性、模糊性、禁止性规定，到《公平交易法》及《米勒·泰丁斯法》中明文允许，再到《公平交易法》的废止，立法上呈现出了前后不一的矛盾态度。而判例法却从最初的本身违法原则过渡到合理原则，可见美国法律对待转售价格维持的变化着实令人费解。为什么大陆法系与以美国为代表的英美法系对转售价格维持表现出了不同的态度？它们对转售价格维持进行规制的价值取向是否相同？我国《反垄断法》在适用过程中，以美国法中的效率价值解释转售价格维持会出现什么问题？我国《反垄断法》对转售价格维持规制的价值取向是什么？这些问题均需要通过比较分析的方法进行解决。

其三，案例分析方法。在确立我国《反垄断法》对转售价格维持规制之价值取向的基础上，需要分析对转售价格维持进行规制的模式。司法机关与反垄断执法机关为什么会有不同的分析进路？需要结合已有案例进行分析，案例分析法也必不可少。

1.6 主要创新之处与不足

本书创新之处主要有以下三点：

其一，将国外有关转售价格维持的经济分析结论结合我国的经济现实进行验证，并将转售价格维持与纵向非价格限制相结合进行研究，主张在此基础上对我国经济活动中的转售价格维持行为进行规制。我国现实中，转售价格维持大多由具有相对优势的生产商主导，往往与纵向非价格限制相结合，其对竞争的影响与仅进行价格限制所产生的影响必然不同，对相关问题的研究需正视这一状况。

其二，对代表性国家和地区的转售价格维持法律规制进行比较，从各国有关法律的价值取向出发分析各国规制原则的不同。各国对转售价格维持持不同态度，即使美国内部各州也未达成共识。产生这种局面的根源是各国规制转售价格维持的价值取向不同。大陆法系中的德国、日本都基于竞争自由的价值取向而对转售价格维持采用本身违法原则；美国合理原则的价值取向是效率。撇开价值取向单纯讨论本身违法原则与合理原则都无法令人信服。

其三，提出我国的转售价格维持主要属于单边政策型，应将其与双边共谋型转售价格维持区分开来，在竞争自由价值导向下，将单边政策型转售价格维持归入滥用相对优势地位行为进行规制，允许奢侈品等特殊产品除外适用。我国《反垄断法》对转售价格维持不加区分并统一归入垄断协议范畴是导致分歧的立法原因。结合经济现实对相关条文的关系进行再造并构建适当的违法行为审查模式具有重要的现实意义。

本书的不足之处：

首先，本书借助有关经济分析理论对转售价格维持促进竞争与限制竞争的效果进行逻辑推演，但因笔者经济学知识储备与能力有限，不能进行量化的经济分析，从而可能分析不够到位。

其次，笔者不懂德语、日语，因而在针对德国、日本有关法律的研究时，不能查阅一手文献，只能借助二手文献。这在一定程度上给理解、把握与运用国外资料造成了不便，可能导致一些分析或结论存在局限性。

2 转售价格维持的一般解读

转售价格维持在商业实践中有多种表现形式，并且可能会以某种合法的形式进行伪装从而达到规避法律的目的。因此，界定转售价格维持并总结其特征，将其与相邻概念相区分，从多角度识别转售价格维持，进而把握其实质并采取合适的规制措施，是整个研究的基础。

2.1 转售价格维持的界定

实际上，界定是一个较为宽泛的概念，但其核心却十分明确，即它要解决“是什么”的问题。从一般的思路来看，大抵可以从概念、特征、与相邻事物的分界等认知角度进行介绍。遵循这一路径，本部分拟就转售价格维持的概念、特征及其与相邻概念的区别进行介绍，旨在明确研究对象，为后文的展开奠定逻辑基础。

2.1.1 转售价格维持的概念及其特征

转售价格维持，又称转售价格限制、纵向价格限制、纵向价格固定、纵向价格约束、维持转售价格、维持再销售价格、纵向垄断协议等，是指经营者与其交易相对人约定，就其向交易相对人供给的商品，在交易相对人转售于第三人时必须执行一定的价格条件[①]。如生产商将产品售于批发商时，要求批发商必须以一定的价格售于零售商，或者批发商将商品售于零售商时，要求零售商必须以一定的价格售于消费者。有学者认为，转售价格维持是生产商与销售商

① 吴玉岭．契约自由的滥用与规制：美国反托拉斯法中的垄断协议［M］．南京：江苏人民出版社，2007：188.

约定转售或再转售价格的协议①。我国《反垄断法》将"固定向第三人转售商品的价格"及"限定向第三人转售商品的最低价格"的协议规定为"垄断协议"，并用"协议、决定或其他联合行为"来界定垄断协议。从字面上看，垄断协议强调固定转售价格或限定最低转售价格行为的协同性。此处采用"维持"而不用"限制""协议"用语，意在表明"维持"并不仅仅指双方的合意或者约定，还包括一方压迫或者强制另一方接受的情形。就词义而言，"维持"包含"限制"。从当下的经济现实看，上游经营者（如制造商）通常会通过至少一个下游经营者（如批发商或零售商）将商品销售给消费者。其中，转售价格维持的发生，并不限于上游经营者对与其直接交易的下游经营者的转售价格进行限制，还包括上游经营者对下游经营者的交易相对人的转售价格进行限制。比如，生产商对批发商的批发价进行限制，同时要求批发商对零售商的零售价进行限制。

转售价格维持有以下几个特征：

首先，转售价格维持是由两个或两个以上经营主体实施的，比如生产商与批发商，批发商与零售商。这两个经营主体是各自独立的法律实体，双方不存在法律人格上的混同。

其次，转售价格维持所涉及的两个经营主体处于同一产业的不同生产流通环节，属于纵向的上下游经济关系，双方不存在竞争关系，但双方之间有较为明显的限制与被限制关系，这种限制或基于双方的平等协商，或基于单方的强制性要求。

再次，转售价格维持的内容涉及转售价格，即交易相对人将商品再销售时的价格，该价格本可以由交易相对人单独自主确定。

最后，转售价格维持具有一定的商业强制性或限制性，违反者会面临不利的后果，如停止或减少供货、取消优惠支持、罚款、扣押保证金等。

因此，转售价格维持是指两个或两个以上的处于同一产业的不同流通层次的经营者之间就商品的转售价格进行的限制或约定。为表述得更清楚，文中将转售价格维持所涉及的主体具体化为生产商、经销商或零售商。

2.1.2 转售价格维持与相邻概念的区分

转售价格维持不同于零售价建议及代理销售协议。生产商对商品的零售价

---

① 孔祥俊．反垄断法原理［M］．北京：中国法制出版社，2001：466.

格建议是法律允许的行为，但是如果该零售价格建议被所有经销商接受，则其实质上能够达到与转售价格维持相同的效果。同样地，代理销售中本人对代理人的销售价格可以做出限定，这种限定是合法的。但是，如果本人借代理销售的形式实施转售价格维持，则属于规避法律的行为。因此，有必要将转售价格维持与零售价格建议及代理销售协议相区分，以正本清源。

（1）转售价格维持与零售价格建议

鉴于法律对转售价格维持的规制，又囿于一些商品难以实施转售价格维持，生产商转而采用建议零售价的形式引导零售商制定与该价格接近的零售价。建议零售价是指生产商或批发商在销售合同中对商品的零售价格做出建议，或者通过商品的价目表或在商品上标示建议价的形式对商品的零售价格进行建议。标示建议价的目的是让零售商对商品的零售价进行参考，使零售商对商品的最终定价有一个可以参照的标准。该建议价可以保证零售商的利润，同时又能够给消费者提供价格的建议。如果零售商的价格超过了建议零售价，消费者往往是不会接受的。从这个意义上说，建议零售价等同于建议最高零售价。建议零售价与转售价格维持相比最大的不同是：前者只是生产商表示其希望零售商进行终端销售的价格，零售商若不遵守该建议价，并不会存在不利的后果。换而言之，建议零售价不具有强制性，零售商在保证自身利润的前提下有比较自由的定价空间。而转售价格维持具有强制性，生产商对不遵守转售价格限定的零售商会采取措施。如果生产商表面上使用建议零售价，私下对不遵守建议价的零售商进行处罚，或者将建议价与其他限制竞争的手段相结合以达到阻碍商品价格降低的目的，则建议零售价就转化为转售价格维持。另外，如果零售商对建议零售价有较高的遵守度，则其形成的效果也与转售价格维持无异。欧洲著名经济学家马西莫·莫塔对转售价格维持的界定就涵盖了建议零售价。莫塔指出，生产商与零售商往往对最终顾客对某一产品应该支付的价格持不同的看法，因此，生产商通常希望能够影响零售商的价格决策；最极端的转售价格控制条款是对零售商规定产品的零售价，但转售价格限制也可以表现为提出建议价格，或规定最低转售价（价格下限）或最高转售价（价格上限）[①]。为防止建议价演变为转售价格维持，德国法律要求建议价必须明确表示无拘束力，仅仅是一种价格标示。

---

① 莫塔．竞争政策：理论与实践［M］．沈国华，译．上海：上海财经大学出版社，2006：259.

(2) 转售价格维持与代理销售协议

以代理销售之名行转售价格维持之实在实践中时有发生。代理是指代理人以自身名义，为本人利益开展贸易活动，并由本人支付报酬的一种协议。代理销售是指以本人或代理人的名义，为本人的利益进行商品的买卖活动。在此过程中，代理人不承担与货物销售有关的实质性财务和商业风险，只收取销售货物所产生的报酬。有关商品的购买或销售的代理协议在欧美国家的商业实践中也被称为“商业代理协议”“销售代理协议”“寄售”等①。我国合同法中的行纪合同是“行纪人以自己的名义为委托人从事贸易活动，委托人支付报酬的合同”，这种合同本质上是购销代理合同，代理人赚取的是劳务报酬而非商品销售的利润。在我国的商业实践中，“代销合同”“销售代理合同”“行纪合同”等较为常见，但是在实际操作过程中，存在要求代理人承担与货物销售有关的财务及商业风险的情形。例如，名义上的区域销售总代理在要求供应商提供货物时需要提前向供应商支付全款；销售总代理有义务负责其代理区域的广告宣传费用。依据代理的本质，代理人只根据销售货物的情况而获得报酬，与货物销售有关的商业风险都由本人承担，代理人更无需向本人支付货款。如果代理人支付货款才能获得货物并承担与货物销售有关的风险与费用，则应将代理销售合同认定为购销合同。这样，以代理销售的名义要求代理人以指定的价格销售商品，本质上就是供应商要求批发商或零售商以指定的价格转售，就形成了转售价格维持。评价一项协议是否构成真实的代理销售协议，关键是考察当事人之间的真实关系，而不是协议的措辞②。是否为代理销售，要从商业风险分担的角度进行评估，与存货融资有关的风险，与特定投资如店铺投资等沉没投资相关的风险，以及与销售活动有关的其他风险如承担促销费用或广告费用，都包含在内，如果这些风险或费用由代理人承担则不应认定为代理销售。

2.2 转售价格维持的分类

为了全面地认识转售价格维持，在了解了转售价格维持的概念后，有必要对其外延进行描述。在现实生活中，经营者会根据产品的不同特性设定不同的转售价格，而不同的转售价格对交易相对人的定价自由及消费者福利会产生不

---

① 苏华．分销行为的反垄断规制［M］．北京：法律出版社，2012：92.

② 许光耀．欧共体竞争法通论［M］．武汉：武汉大学出版社，2006：246.

同的影响。转售价格维持的主导力量不同，对竞争的影响也不相同。生产商主导型转售价格维持对竞争的影响具有两面性，而经销商主导的转售价格维持往往与横向限制竞争有关。另外，转售价格维持的实施方式不同，其表现出的限制性强度也会有区别。下面从转售价格维持的价格内容、转售价格维持的主导力量及实施方式三个角度对其进行分类。

2.2.1 以转售价格维持的价格内容进行分类

实践中的转售价格维持内容呈现出多样化的特征，如直接固定价格、限定最高价、限定最低价、规定区间价格等。对转售价格的不同限定，不仅直接影响最终价格，而且直接影响下游经营者的价格决定权。因此，价格内容的不同也会影响法律的规制选择。根据价格内容，转售价格维持有四种类型。

其一，固定转售价格，指上游经营者规定确定且唯一的转售价格，要求下游经营者遵照执行，例如某品牌手机的批发商要求零售商必须以 2 500 元的价格出售某一款手机。这种形式的转售价格维持导致市场上只有一种价格，下游经营者的定价自由被完全剥夺。

其二，限定最低转售价格，指上游经营者规定商品的转售价格不得低于一定的价格，例如某商品不得低于 500 元销售。下游经营者具有在最低转售价格以上进行定价的自由，但市场竞争的结果是下游经营者所设定的交易价格均接近或等于最低转售价格。

其三，限定最高转售价格，指上游经营者规定商品的转售价格不得高于一定的价格，下游经营者具有在该价格以下定价的自由。这种价格能够抑制商品的过高定价，在一定程度上对消费者有利。

其四，规定区间转售价格，指上游经营者就某商品为下游经营者的转售价格指定一定的价格区间范围，例如某商品必须在 120 元至 180 元之间进行销售。下游经营者既具有一定幅度的定价自由，又能够抑制商品的过高定价。

除以上四种比较典型的转售价格，理论上认为还存在承认转售价格与默示转售价格①两种。前者指下游经营者必须征得上游经营者的同意才能以某一价格进行销售。此种转售价格维持能使商品的最终价格保持一定的变动性，从本质上仍属于固定转售价格。后者指上游经营者虽未明确要求下游经营者必须以

---

① 蔡淑柔．从美国 Leegin 案出发探讨我国限制转售价格之规范［D］．台北：台湾中兴大学，2010：8.

某一价格进行销售，但如果下游经营者低于或高于一定的价格水平进行销售，则上游经营者会对其施加不利的影响，比如停止供货。这种转售价格的决定权仍在上游经营者手中。

2.2.2 以转售价格维持的主导力量进行分类

虽然所有的转售价格维持都发生在产销链上，但是并非所有的转售价格维持都由上游经营者主导，可能存在下游经营者主导的情形，也可能存在上下游经营者共同协商确定的情形。主导力量不同，转售价格维持的目的就不同，对市场的影响也不相同。经济学理论的分析表明，单个生产商主导的转售价格维持通常具有促进效率提升的效果，而经销商或零售商强迫生产商实施的转售价格维持通常会严重损害市场竞争。

（1）生产商主导型

生产商主导型的转售价格维持是由生产商主导或发起实施的，下游经销商没有确定商品转售价格的权利。生产商和经销商有共同的利益，同时也存在利益的冲突。生产商比较依赖于经销商已经形成的销售渠道，或者生产商比较依赖经销商去拓展新的销售渠道，因为生产商只有将产品持续销售给不特定的终端使用者才能获得源源不断的利润。尽管生产商也可以自己发展销售渠道，但是与经销商相比，其可能在专业分工、管理及效率方面有所不及。表面上看，生产商通过将产品卖给经销商而获得利润，经销商通过将产品售于消费者而获得利润，两者利益似乎并不冲突。但事实并非如此，两者之间也存在利益冲突。经销商能够销售的产品数量直接影响着生产商的产品销售数量及利润。在生产商的加成保持不变的情况下，产品的需求弹性如果较高，那么经销商以较低的价格出售产品，产品销售量增大，生产商所获利润总和增加；反之，经销商若以较高的价格出售产品，产品销售量可能会下降，生产商的利润也会受到影响。即在产品需求弹性较高条件下，若零售商索要较高价格，将与生产商利益相悖。此时，生产商有动机实施转售价格维持。生产商要求经销商接受其对产品最高转售价格的限制，是因为该价格的设定是产品销售数量与利润率的最佳组合，能够实现双方利益的最大化。如果经销商不按照限定价进行销售，就意味着单位产品利润的上升及产品销量的下降，生产商的利润会受到影响。

（2）经销商主导型

多数情况下，转售价格维持是生产商施加的，但在有些情况下，事实却刚好相反，是下游的一个或数个经销商或零售商要求生产商这么做。“价格”是市场竞争中最有效的手段，如果零售商陷入恶性竞争，甚至赔本出售商品，最终可能难以持续营业。当零售商在零售市场具有支配地位时，若其提高商品价格获取高利润，而竞争者或潜在竞争者能够以较低价格销售商品，就会使消费者向其他零售商购买商品，长此以往会削弱其支配地位。若其他零售商采用同样的价格，就不会发生消费者流失的情况，潜在的竞争者也无法成功进入市场。一般来说，这种情况下生产商参与这种活动并不符合其自身利益，因为生产商以出厂价将产品售于零售商之后，零售商的销量增长与生产商的利润增长是同步的，而转售价格维持提高了产品的零售价格，可能导致销量的减少，同时导致生产商的利润减少。但生产商可能迫于零售商的强大市场力量而接受转售价格维持协议。虽然零售商很难拥有这种力量，因为零售市场准入门槛较低，进出较为容易，如果生产商受到零售商的强迫而不愿意接受时，完全可以自己进入零售环节。但是后芝加哥学派认为，零售商是可以拥有强大的市场力量的①。如果零售商存在规模经济或者范围经济，则零售商能够获得这种市场力量。比如，洗化类日用品的生产商无论如何不会开设专门的门店来销售自己的产品，而只能通过超市或百货店来进行产品的销售。而超市并不需要较大的市场份额就可以获得相对于生产商的市场力量，因为生产商无法直接进入零售环节销售自己的产品，若失去零售商的销售渠道将可能无法将产品售于消费者。同样，零售商也可以通过连锁超市等形式实现规模经济，从而使生产商对其产生更大的依赖。生产商对大型零售商的依赖即属于此种情形。因此，大型零售商有动机主导转售价格维持。

（3）共同主导型②

共同主导型转售价格维持中的“价格”由上下游经营者共同确定，上游经营者如生产商与下游经营者如批发商共同协商确定商品的批发价格与零售价格，并要求处于同一层次的下游经营者如零售商与零售商之间就商品的价格互相进行监督与举报，互相交换市场信息，并与上游生产商共同维护区域价格秩序。共同主导型转售价格维持的显著特征是生产商会要求下游的经销商或零售商在其领导下组成某区域内类似于卡特尔的组织，彼此监督价格并向生产商反

---

① 许光耀．转售价格维持的反垄断法分析［J］．政法论丛，2011（8）：100．

② 高牟．中国纵向价格垄断：形态、来源、损害、认知误区与豁免［D］．合肥：中国科技大学，2015：50．

映作弊者，由生产商对该区域内违反转售价格维持的经销商进行处罚。通常情况下，产品的可替代性越强，其需求弹性越大，产品的可替代性越弱，其需求弹性越小。在产品的需求弹性较低的情况下，生产商的固定加成可使其利润保持不变，经销商的加成价会影响其自身利润，经销商加成越高，利润越高，越容易吸引潜在的竞争者进入市场。若相关市场竞争较为充分，则经销商迫于竞争压力会以较低价格进行销售以增加销量，从而获得更高的利润总额。这种情形下，生产商可能基于减弱经销商之间的竞争强度的考虑而与诸经销商共同协商实施转售价格维持。其原因很可能是，若生产商在一定地域范围内有多个经销商，则经销商各自的价格会影响彼此之间的利润分成。若某些经销商试图薄利多销，则可能会引起经销商之间的价格竞争。若某些经销商的利润一再下滑，会影响到其销售的积极性，甚至可能使生产商失去某些经销商的销售渠道，从而使生产商的利润受到影响。因此，在产品需求弹性不大的情况下，转售价格维持保证了经销商的利润，使经销商从品牌内价格竞争中解脱出来，并且与生产商的利益一致。

2.2.3 以转售价格维持的实施方式进行分类

转售价格维持有多种实施方式，不同的实施方式可能导致行为的性质不同。一些转售价格维持是双方合意的结果，反映了双方的利益；另一些转售价格维持是优势方单边决定对交易相对人定价自由的限制，主要反映了优势方的利益。利益是否失衡是法律是否规制的重要考量因素。

（1）双边约定型

双边约定型的转售价格维持往往表现为书面协议，协议双方通过平等协商在经销合同中明确约定对商品的转售价格进行限定，对违反约定的后果进行明确具体的规定。在协议执行过程中，双方会通过业务往来对协议进行补充或修正。这种类型的转售价格维持是双方意思自治的结果，往往能反映双方的利益。对执法机构来讲，这种类型的转售价格维持比较容易调查。也正因为如此，经营者极少采用这种书面协议形式约定转售价格维持。如果协议双方以口头形式进行约定，对外采取一致行动，并形成牢固的同盟，对所达成的转售价格协议守口如瓶，则既能达到双方的利益诉求，也可在很大程度上规避调查。但其本质上仍属于双边约定型的转售价格维持。在新产品进入市场阶段，生产商出于激励经销商存货、保证经销商利润、促进新产品销售等目的，会利用转售价格维持，经销商也更愿意接受转售价格维持。

（2）单边政策型

这种类型的转售价格维持多由生产商主导，当然也不排除由具有强大市场力量的零售商主导。以生产商主导为例，生产商在同经销商进行合作或交易之前，向经销商告知其应遵守的价格政策及管理政策，要求经销商在进入销售体系后执行。经销商要么同意执行，要么不被接受进入销售体系。一旦经销商同意执行，则生产商会与之签订经销合同，但经销合同中可能不包含转售价格维持的内容。单边政策型的转售价格维持又可进一步细分为默示执行型与事先许可型。默示执行型转售价格维持既无明确的约定也无政策性的宣示，但是限制方会对被限制方的转售价格进行无形的监督，或者通过市场调查或者通过销售部门人员的信息沟通，以会议发言、促销活动支持、培训材料等形式对被限制方低于某价格或高于某价格销售的不利之处进行说服或暗示，一旦发现被限制方有不符合限制方要求的价格，限制方会采取变相的措施对被限制方进行惩罚。事先许可型转售价格不是由限制方事先确定，而是由被限制方通过事先征得限制方同意的方式进行确定。被限制的价格相对而言具有较大的灵活性，执行一段时间之后，被限制方可以根据具体的经营状况向限制方报告、请示新的转售价格。一旦确定价格，被限制方须遵照执行；否则，会有不利的后果。

2.3 转售价格维持的属性

作为一种商业行为或现象，转售价格维持需要接受来自经济学理论与法学理论的审视。经济学理论对商业行为的评价主要从交易成本出发，法学理论对商业行为的评价主要从法律关系出发。转售价格维持在经济学上被视为纵向一体化的一种表现形式，在法学上可能具有契约性或反契约性。

2.3.1 转售价格维持的经济属性

转售价格维持被视为企业尤其是生产商实现纵向一体化的途径之一。科斯在其著名的论文《企业的性质》中主要对两个问题做出了解答：一是企业为什么会产生；二是企业的边界在哪里，即企业的规模由什么因素决定。科斯认为：“企业的引入基本上是因为有市场运行成本的存在。”与此相关的问题是：既然企业能够消除一定的市场运行成本，为什么市场交易仍然存在？为什么所有的生产不由一个大企业进行呢？科斯的回答是：“当一个企业扩大时，对企业家函数来说，收益可能会减少，也就是说，在企业内部组织追加交易的成本可能会上升。”“其次，当组织的交易增加时，或许企业家不能成功地将生产要素用在它们价值最大的地方，也就是说，不能导致生产要素的最佳使用。再者，交易增加必须达到这一点，即资源浪费带来的亏损等于在公开市场上进行交易的成本，或者等于由另一个企业家组织这笔交易的亏损。”① 科斯开创性地提出企业存在的根本原因在于其内部的管理协调费用低于市场交易的费用，无论市场还是企业都是资源配置的手段，这两种手段是可以相互替代的，市场依靠价格配置资源，企业依靠权威组织配置资源，但无论市场交易还是企业管理对资源的配置都需要花费成本，企业出现的原因是其内部组织管理成本低于市场交易成本。企业的组织管理成本会随着其规模的扩大而增长，当该成本增长到等于市场交易成本时，企业的边界就形成了。循着科斯的问题，经济学界发展出了交易成本经济学、契约经济学、委托代理理论等经济学分析方法，对纵向限制问题的研究亦可由此展开。

在复杂的、十分不可预测的世界中，人们很难为各种将来可能发生的情况做出计划，即使做出具体计划，缔约各方也难以就这些计划达成一致，因为他们难以用一种共同的语言来描述各种具体情况和行为，即使缔约方能对计划协商一致，也难以使计划得到切实履行。交易成本经济学认为，交易成本包括每个当事人预期在关系延续期间可能发生的各种事情的成本，对怎样处理这些可能发生的事情做出决策并达成有关协议的成本，以充分清晰明确的方法签订合约以便合约能够履行的成本以及履行合约的法律成本。换而言之，交易成本包括信息搜寻、寻找合作伙伴、谈判和订约、合同履行、监督及强制执行等直接成本及机会成本，其中信息不对称是问题的根源。这导致每一个交易的当事人都不可能预先完全地、毫不含糊地确定其责任，最实际的合约是严重不完全的②。一方面，契约的不完全性以及各种交易特性的相互作用使市场交易的不确定性增加。另一方面，市场交易容易出现缔约双方的利益冲突，而企业内部组织能够克服这种利益冲突并且更易降低成本。当然，契约的不完全性若与资产专用性相互作用就会使缔约双方被锁定在特定的关系中，导致相互依赖，并对事前投资和事后业绩产生不利影响。当需求不确定性随着时间发生变化时，

---

① 科斯．企业、市场与法律［M］．盛洪，陈郁，译校．上海：格致出版社、上海三联书店、上海人民出版社，2014：34－35.

② 哈特，等．现代合约理论［M］．易宪容，罗仲伟，徐彪，等，译．北京：中国社会科学出版社，2011：78.

缔约双方的利益冲突将更加严重。为避免利益冲突的加重及交易成本的增加，探索缔约双方的共赢结构是可行选择。当将交易转向企业内部、通过减少事前投资和事后业绩的无效率性所减轻的机会主义收益，大于在层级组织内部分配资源所产生的其他动态和静态无效率时，将缔约关系内部化为管理关系是一种有效的选择，即纵向一体化结构是有利的①。

纵向一体化的方式主要有两种：一种是通过兼并、合并等方式使一个厂商参与产品生产与分销过程中两个或两个以上的环节；另一种是制造商不通过兼并、合并零售商的做法而通过与零售商达成特许使用费或转售价格维持契约的形式，构建纵向一体化联盟。前一种方式是以企业运作替代市场机制。其优势是减少了信息搜寻成本，节省了市场交易过程中的谈判、订约以及销售成本；减少企业经营中的不确定性因素，抑制机会主义行为，增强企业对各环节的掌控力。在市场环境相对稳定的情况下，容易达到有效的规模经济。但是，这种一体化方式也隐藏着内在的风险。它加重了企业的经营风险，增加管理费用；当市场发生变化时，企业缺乏弹性，退出成本较高；企业对市场和行业的依赖性增强②。鉴于第一种一体化方式有风险问题，一些企业会采用一体化程度不高的第二种方式。在第二种方式中，企业之间的关系属于介于市场和企业之间的纵向混合组织形式。这种混合组织形式有多种表现形式，转售价格维持、区域限制、搭售、独家交易、特许经营等都包含在内。这些松散的纵向一体化组织形式，反映着生产商与经销商之间不同的利益冲突与利益调和。因为生产商与经销商在这一纵向结构关系中面临着一系列的决策变量，如批发价、经销商的购买量、经销商的努力、零售价、零售商的销售量以及商店的布局等，无论是生产商还是经销商都不能直接控制这些变量。但这些变量的相互作用决定着纵向结构的总利润，同时也影响着总利润在生产商和经销商之间的分配。在这些松散的一体化组织中，只有转售价格维持的执行成本是最低的。Gal - or 认为，在信息不对称条件下，零售商拥有市场需求的私人信息，转售价格维持可以使其获得确定的利润从而使生产商的利润较为稳定，同时因为零售商拥有关于零售成本的私人信息，转售价格维持能够增加生产商的边际回报③。从风险分担的角度看，转售价格维持有助于使用分散信息，使零售商获得的利润以特许

---

① 艾青．纵向一体化与并购效应研究［D］．武汉：武汉大学，2005：13.

② 同①：58 - 59.

③ GAL - OR ESTHER. Vertical Restraints with Incomplete Information［J］. The Journal of Industrial Economics，1991（39）.

使用费等形式被生产商收回，生产商的因需求不确定而带来的风险被降到了最低[①]。为使生产商和经销商的利益保持一致，双方就有动力实施转售价格维持。从这个意义上说，转售价格维持是生产商与经销商纵向一体化的实现方式之一。

2.3.2 转售价格维持的法律属性

行为的法律属性决定着法律规制方式的选择。转售价格维持无论是否表现为成文的协议，其都表现出了生产商与经销商或零售商行动上的一致性。如果对这种表面一致性不进行内核区分，则可能导致规制工具的选择错误以及由此导致的规制结果的不可接受性。依据转售价格维持双方各自的意思表示是否真实或自愿分析其法律属性，将影响对相关行为规制方式的选择。

（1）双边型转售价格维持的契约性

双边型转售价格维持存在于两种情形：一是生产商与零售商的市场势力能够抗衡；二是生产商与零售商均致力于解决需求的不确定性。纵向关系中，零售商面临两种不确定性：一是市场需求的不确定性，需求取决于随机变量；二是零售成本的不确定性，零售成本受技术进步、工资、投入品价格等的影响[②]。生产商也无法观察影响需求和零售成本的随机变量，更无法预测单个零售商的销量、价格及利润。如果零售商之间是充分竞争的关系，零售价格等于批发价加经销成本，那么高需求时产品销量大，低需求时产品销量小甚至可能出现滞销及库存积压。面对这种不确定性，零售商会综合考虑高需求和低需求时的市场销量，为避免损失而选择保持较少的存货，从而导致其购买量低于预期最优数量。这种不确定性要求生产商需要在自身利润与零售商的风险之间进行权衡。对此，生产商会通过转售价格维持使零售商之间避免价格竞争，并使零售商在低需求时不需以较低的价格抛售存货，在高需求时能够赚取更多利润。在新产品上市阶段，需求的不确定性更为明显。不仅零售商有最低利润的要求，生产商也有激励零售商存货的需求。此时，转售价格维持是一种重要的私人合约实施机制。为了激励零售商提供充分的促销服务和售后服务，垄断性的生产商必须让零售商参与垄断租金的分配，使零售商成为剩余索取者。转售价格维持能够为零售商提供未来的收入保证，零售商也会因此而提供生产商所

---

① REY P，TIROLE J. The Logic of Vertical Restraints［J］. The American Economic Review，1986，76（5）.

② 唐要家．转售价格维持的经济效应与反垄断政策［M］. 北京：中国人民大学出版社，2013：44－49.

希望的促销服务[1]。这种情况下的转售价格维持更多的是生产商与零售商合意的结果。在生产商与零售商市场势力能够相互抗衡的情形下，转售价格维持也表现为双方的合意。

（2）单边型转售价格维持的反契约性

契约，通常指两个以上当事人对立的或交换的互为意思表示，其意思表示的标的是对立的，其需求是相反相成的。契约的本质是合意，合意的前提是双方的利益达到平衡。在多数情况下，生产商与经销商的利益并不一致。生产商希望将零售价格控制在合理的范围内，虽然更低的价格通常会有更多的销量，但是这并不意味着更多的生产商利润。如果生产商给所有零售商的批发价相同，零售商所定的零售价格是在批发价基础上的加成价格。在需求弹性较高的情况下，零售商的定价高，则其所获利润多；但零售商的定价高，也意味着生产商的销量相对低，生产商的利润会受到影响。在需求弹性不大的情况下，零售商的定价高，则其所获利润也多，但生产商却不能分享高价格带来的利润。如果零售商获取的是竞争性价格，则零售商仍然能够从上述需求的不确定性中获得比生产商的利益多的利益。于是，生产商和零售商之间出现了利益冲突。这种利益冲突是零售商的市场地位所决定的。但是这并非意味着生产商处于弱势地位。生产商控制着产品的品牌经销权，这是一种稀缺资源。生产商依赖这种品牌资源而形成了相对于零售商的优势，零售商不仅不存在抗衡势力，反而因依赖这种品牌资源而处于弱势地位。这种情形下，生产商对商品的转售价格进行限制，无论采用明确的协议形式还是隐蔽的管理政策形式，都不能体现出零售商自身独立的经济判断与利益表达，从意思表示自治的角度理解，转售价格维持并非其真实的意思表示。有强大市场力量的零售商利用其掌握的零售通道要求生产商实施转售价格维持时同样如此。这就为法律的干预留下了空间。因为“自由市场力量能够实现资源的‘最佳’或最有效率的配置，这种假设部分地依赖于另一种预设，即讨价还价能力在各方利害关系人之间的配置是‘妥当的’。如果这种能力的既定分配是‘不平等的’，则人们可能会认为，为了实现一种更好的均衡，应该进行规制。比如，小型销售者‘不平等的讨价还价能力’应受到特别的立法保护”[2]。

---

① KLEIN B, MURPHY K M. Vertical Restraints as Contract enforcement Mechanisms [J]. Journal of Law and Economics, 1988, 31 (2).

② 布雷耶．规制及其改革［M］．李红雷，宋华琳，等，译．北京：北京大学出版社，2008：49.

3 转售价格维持法律规制理论及抉择

转售价格维持是反垄断经济学与反垄断法中最具争议性的问题之一。长期以来，经济学理论都将转售价格维持看作与横向卡特尔具有相同严重限制竞争的行为，反垄断法也因此严厉禁止其适用本身违法原则。而芝加哥学派的研究却认为转售价格维持具有促进竞争的效果，司法实践深受这种理论的影响而衍生出了对转售价格维持的合理原则，虽然芝加哥学派的理论并没有系统的经验证据证明其有效性。如何对待转售价格维持可能具有的促进竞争的效应，如何对待转售价格维持可能产生的近似于横向卡特尔的效应，需要在现有理论的基础上进行厘定。

3.1 转售价格维持违法论及其立论基础

理论上认为，转售价格维持限制了品牌内的价格竞争，而品牌内竞争减弱以后，会在一定程度上削弱品牌间竞争。另外，尽管转售价格维持是上下游经营者之间的行为，理论上却认为其可以在本质上成为生产商之间或经销商之间共谋结成卡特尔的工具，从而产生限制竞争的后果。基于转售价格维持对品牌内价格竞争的限制及其便利生产商或经销商共谋的特性，转售价格维持被认为本身违法。这样的立论基础需要重新检验。

3.1.1 违法论之一：转售价格维持限制了品牌内价格竞争

品牌内竞争是指不同的经销商之间就同一企业生产的同一品牌的相同产品的销售所展开的竞争，即同一品牌的相同产品由不同经销商分别销售，经销商在销售环节所展开的竞争。与品牌内竞争相对应的是品牌间竞争。品牌间竞争是同一产业的不同企业之间就相同或相类似的不同品牌的产品展开的竞争。产品销售竞争就是价格与服务的竞争，通常情况下，经销商会根据自己所处的竞争环境、成本等去设定销售价格以使自身的利润最大化。如果存在品牌内竞争，在产品的买卖不受限制的情况下，若产品供给充足，有效率的经销商会降低价格进行促销，最终使产品的销售利润接近销售成本，从而使消费者获得尽可能低的价格，这对提升消费者福利至关重要。同时，品牌内竞争弱化了经销商与消费者之间的信息不对称，因为有效率的经销商会提供更丰富的产品信息，无效率的经销商可能会因价格被挤压、利润被蚕食而被淘汰掉①。如果通过转售价格维持限制品牌内的价格竞争，则有效率的经销商不能自由定价，无效率的经销商不能被淘汰，无异于降低了市场竞争的效率。如果一个行业中只有个别品牌的经营者通过转售价格维持限制了品牌内的价格竞争，而行业内其他具有可替代性的品牌并未限制品牌内的竞争，则整个行业的竞争状态未必会受到影响，反而可能会促进品牌间的竞争，因为消费者仍有其他的选择，其他的品牌可能因此而获得了更强的竞争力。但是，如果全行业大多数的经营者都通过转售价格维持限制品牌内竞争，则在价格竞争比较敏感的行业，转售价格维持不仅使品牌内的价格竞争受到限制，也使行业整体的竞争水平下降，消费者的整体福利受到影响②。换言之，如果转售价格维持的市场覆盖率较广，则会产生负面效果。

上述观点可以分解为两个小论点：第一，转售价格维持使同一品牌的无效率经销商得以保存，从而间接降低了市场效率；第二，如果转售价格维持的市场覆盖率较高，则行业整体的市场竞争会受到限制。

首先，第一个论点低估了商业领域的智慧。在实践中实施转售价格维持的生产商有非常重要的一项激励措施——返利，返利措施能使高效率经销商获得更多利润，从而获得更多资金以购入更多产品，同时，更大的现金流、更好的售后服务、成本更低的物流，使生产商更偏爱进货量较大的下游经销商。较低效率经销商或零售商很可能会在竞争中被淘汰出市场③。

其次，第一个论点没有考虑到，在有效率的经销商生存下来之后，由于经销商数量的减少，彼此间竞争减弱，会导致价格提升这一问题。实质上，生产商之所以设置多个销售网点，目的是不被单一的经销商所制约，同时从方便消费者的角度出发扩大产品总销量。如果经销商的数量因价格竞争而减少，可以

---

① 李剑，唐斐．转售价格维持的违法性与法律规制［J］．当代法学，2010（6）：112.

② 汪浩．零售商异质性与零售价格维持［J］．经济学（季刊），2004（10）：125.

③ 龚焕．高端酒产品转售价格维持问题研究［D］．上海：上海交通大学，2013：9－11.

预见的是，如果产品的需求弹性不大，那么有效率的经销商在利润的驱使下仍会提高价格；如果产品的需求弹性较大，即便竞争者减少，经销商可能仍维持在低价位销售。不过，随着竞争者数量减少，产品相对需求量上升，价格仍有上调的可能。如此，经销商之间的价格竞争从长远看并不必然导致产品价格的下降。这样的结果和不存在品牌内竞争的效果相同，品牌内价格竞争的意义无法体现。另外，在当前的多渠道销售环境下，如果上游企业对经销商之间的竞争不进行限制，必然导致渠道之间的自我蚕食及经销利润接近经销成本，从而使经销商在无利可图的情况下退出产品的销售。这对消费者福利的损害恐怕更大。

再次，第一个论点强调经销商在价格方面的竞争，消费者福利的增加也体现在产品价格下降方面，但其忽略了一个关键性问题，即生产商是否存在产能约束。有理论研究表明，是否存在产能约束决定了转售价格维持的功能、作用机制及市场绩效。当不存在产能约束时，转售价格维持并不会使消费者的福利受损；当存在产能约束时，转售价格维持与最高供应配额相结合，禁止转售价格维持不能使消费者福利增加①。其原因在于，如果不存在产能约束，生产商会希望增加产品的销量，从而制定较低的转售价格，消费者福利不会受损；如果存在产能约束，则生产商会通过供应配额制造供给的短缺，从而推高产品的价格，即使不存在转售价格维持，消费者仍不能获得低价格。

最后，一个很重要的问题是，生产商激励或放任经销商之间展开价格竞争的动力并不存在。在生产商存在相对市场优势的情况下，生产商往往通过品牌经销权对经销商的数量及经销区域进行控制。经销权从性质上讲是附着在企业商标权之上的特许权，在商标许可中是允许地域限制的，那么经销权的地域范围限制也是合法的。生产商通过经销权许可的方式可以进行商品销售中的地域控制，从而能够从根本上消除一定地域范围内的品牌内竞争。

第二个论点忽视了同一行业不同品牌间由于产品或品牌的差异所带来的价格以外的竞争。汽车、服装、家电等领域的转售价格维持较为普遍，但这些行业内的不同品牌间仍存在激烈的竞争，服务及产品的差异是竞争的主要方向，不同厂商对转售价格的限制或设定也会考虑品牌间的竞争态势，并且会经常性采取促销活动等方式对转售价格进行一定的变通。

上述分析表明，转售价格维持因限制品牌内价格竞争而违法的理论不能成

---

① 任剑新，朱江．对茅台和五粮液的反垄断判罚合理吗？［J］．中南财经政法大学学报，2014（4）：31.

立。同时，因反垄断法对纵向的非价格限制是相对比较宽松的，当纵向非价格限制如纵向地域划分、纵向合并与纵向价格限制对竞争的影响相似时，如果反垄断法对转售价格维持严格规制而放松对其他非价格限制的规则，并不能很好地实现规制目标。

3.1.2 违法论之二：转售价格维持便于生产商或经销商共谋

理论上认为，转售价格维持可以通过减少批发价格秘密下调的有效性，帮助相互竞争的生产商建立共谋关系[①]。共谋指卖方之间以提高利益为目的而提高或固定价格、减少产量的联合、密谋或协议[②]。具有竞争关系的经营者之间的共谋也被称为卡特尔。在不存在转售价格维持的情况下，市场波动会引起价格变化，卡特尔成员无法判断价格变化的原因究竟是市场的供求发生了改变还是个别成员的欺骗行为所引起的，如此一来，卡特尔将难以维持下去。而转售价格维持能够防止作为卡特尔成员的生产商进行秘密降价的行为，使卡特尔成员的价格保持透明，更有利于合谋的稳定[③]。其作用原理是，在转售价格维持机制下，卡特尔成员的零售价具有可观察性，若卡特尔中单个生产商秘密降低批发价，而零售商的价格不变，则消费者并不能获得低价，销售量也不会发生变化，即降价行为不能使生产商受益，更不能为该生产商带来更多利润，其降价的激励即被消除。

这种理论将转售价格维持视为便于生产商共谋的工具，进而认为转售价格维持违法性的根源在于其会造成产品的零售价格被固定或仅在特定范围内浮动，从而使其成为掩盖生产商或经销商之间卡特尔协议的“遮羞布”[④]。卡特尔的重要特征是所有企业像一个垄断者那样行动，以使联合利润最大化[⑤]。为达到此目的，卡特尔协议必须对有关交易事项如价格和产量进行周密的安排。但是“一个已被人们接受的观点是，如果参加协议的任一成员能够秘密地违背

---

① TELSER. Why Would Manufacturers Want Fair Trade? [J]. Journal of Law and Eoconomics, 1960 (3): 86-105.

② 经济合作与发展组织．产业组织经济学和竞争法律术语解释 [M]. 崔书锋，等，译．北京：中国经济出版社，2006：23.

③ JULLIEN B, REY P. Resale Price Maintenance and Collusion [J]. The RADD Journal of Economics, 2007, 38 (4): 983-1001.

④ 李剑，唐斐．转售价格维持的违法性与法律规制 [J]. 当代法学，2010 (6)：113.

⑤ 施蒂格勒．产业组织 [M]. 王永钦，薛峰，译．上海：上海三联书店、上海人民出版社，2006：52.

协议，他必能取得比遵守协议时更多的利润”[①]。个别卡特尔成员可能会在预定价格水平的基础上从自身利益最大化出发暗中增加产量或通过暗中给予折扣的方法扩大自己的销售量以牟取更多利润。卡特尔成员的作弊行为会使卡特尔的总体产量突破其控制限额，从而使卡特尔所确定的价格因产量的上升及卡特尔成员的秘密降价而难以维持[②]。因此，及时发现卡特尔成员的作弊行为并采取有效的惩罚措施是维持卡特尔稳定的条件，否则卡特尔成员总有违背卡特尔的行为倾向，使卡特尔难以持续存在。与一般意义上的卡特尔相比，通过转售价格维持形成的卡特尔中，卡特尔成员消减价格的作弊行为更容易被发现。因为生产商通过停止供货、取消经销资格的方式对经销商进行威胁能使这种卡特尔更稳定。主要体现在两个方面：首先是在协商机制上，通过转售价格维持形成的卡特尔能使生产商从供货的角度与经销商达成更多的信息沟通渠道，两者可以随时交换产品的数量及价格信息；其次是在发现和惩罚机制上，转售价格维持能使经销商的削价行为更易被发现，有利于促进生产商卡特尔的稳定。若没有转售价格维持，经销商的削价行为不易被发现，即使被发现之后也难以进行有效的惩罚或报复，而其他生产商的介入可以使作弊者被发现后受到停止供货、取消经销资格等相应的惩罚，从而使生产商卡特尔保持稳定。结果是，生产商层面的共谋参与者通过转售价格维持形成了卡特尔，并且通过对经销商的监督来实现对生产商自身的监督，从而使生产商层面的卡特尔趋于稳定。

尽管转售价格维持有利于生产商卡特尔的稳定，但其仍需要具备一般意义上卡特尔的形成要件。通常认为，影响卡特尔形成的因素包括：厂商数量、市场集中度、产品需求变化、产品差异、市场进入、行业协会、卡特尔成员的市场力量、卡特尔的完备性[③]。厂商数量越少，市场集中度越高，市场进入的壁垒越高，越有利于卡特尔的形成；不同品牌的产品越具有同质性、市场的需求越缺乏弹性，厂商越有结成卡特尔联盟的冲动；卡特尔协议的内容越完备，对作弊成员的发现与惩罚机制越完善，卡特尔就越稳定。所以，有学者认为，卡特尔违法的条件包括市场结构——寡头竞争市场、存在过剩生产能力、有限的需求弹性及卡特尔内部的约束力[④]。正因为卡特尔形成及保持稳定的条件相当

① 施蒂格勒．产业组织与政府管制［M］．潘振民，译．上海：上海人民出版社、上海三联书店，1996：285.

② 游钰．卡特尔规制制度研究［M］．北京：法律出版社，2006：32.

③ 同②：28－33.

④ 王晓晔．竞争法学［M］．北京：社会科学文献出版社，2007：242.

苛刻，一些卡特尔不需要执法机构的介入就能够自行瓦解。通过转售价格维持来维系的卡特尔与普通卡特尔面临着相同的问题。就转售价格维持而言，要形成稳定的、需要反垄断法介入的卡特尔，也必须满足上述条件。其中，寡头竞争的市场结构是基础。只有在这一结构条件下，市场较为集中，卡特尔成员数量较少，协调与监督成本较低，才有利于形成卡特尔，也才有必要对相关行为进一步调查，分析其对竞争的促进及损害因素①。沿着这样的逻辑，转售价格维持的违法性被界定为在寡头竞争的市场结构下，在相关市场具有市场支配地位的生产商所实施的有利于卡特尔的行为②。因此，对生产商实施转售价格维持行为违法性的判定，需要分析市场结构以及与市场结构相关的市场地位。

同样地，这种理论认为，经销商为了避免彼此之间的竞争，会有实施卡特尔协议的冲动，但因为卡特尔协议会导致严厉的反垄断制裁，经销商转而向生产商施加压力，要求生产商限制转售价格，以隐蔽的方式达到固定价格的目的③。在组织完备、具有行业贸易协会组织的产业中尤其如此。结果是，生产商本身没有实施转售价格维持的计划，但在经销商（或零售商）的主导下被迫实施转售价格维持。美国榨糖公司案就是经销商集体抵制生产商的典型例子④。与前述生产商主导的转售价格维持不同，经销商主导的转售价格维持往往是上游的生产商处于充分竞争的市场结构中，而经销商层面则是在寡头竞争的市场结构中并且符合一般卡特尔形成的市场条件。经销商通过转售价格维持形成卡特尔，并引入生产商对转售价格维持的实施进行监督。另一种经销商共谋理论认为，如果之前相互竞争的经销商突然面对一种新的、更有效率的竞争，这种新的竞争将会减少这些经销商先前的资本投资价值，为了阻止这种投资的损失，之前相互竞争的经销商会利用转售价格维持减缓这一进程。

但是，上述理论并未得到实证经验的支持。与美国有关的实证研究表明，大多数转售价格维持案件并不符合卡特尔解释，相反却呈现出了一个制造商或多个制造商单边行动的情况。在现实的零售市场，需求更多依赖于价格。通

---

① 唐斐．转售价格维持的反垄断法规制［D］．重庆：西南政法大学，2008：84.

② 参见 JULLIEN B，REY P. Resale Price Maintenance and Collusion［J］．The RADD Journal of Economics，2007，38（4）：983－1001．唐斐．转售价格维持的反垄断法规制［D］．重庆：西南政法大学，2008：85－101．郭宗杰．反垄断视角中转售价格限制的比较法研究［J］．法学评论，2014（5）：74－82．许光耀．转售价格维持的反垄断法分析［J］．政法论丛，2011（8）：98－103.

③ Eastern States Retail Lumber Dealers' Ass'n v. United States，234 U. S. 600（1914）.

④ ZERBE R. The American Sugar Refinery Company，1887—1914：The story of a monopoly［J］．The Journal of Law and Economics，1969（12），339－375.

常，较高的价格意味着较少的销售数量。其他影响需求的因素包括：销售点的数量或产品的可获得性，销售店位置的便利性，提供给消费者的产品信息，销售努力及零售商的天分，产品的质量，产品展示的显著性等①。因此，生产商期望利用转售价格维持改变零售端产品销售中的价格与非价格竞争的混合，达到增加产品销售总量的目的。比如，Frank Mathewson 等对 Corning 公司的实证研究发现，Corning 公司使用转售价格维持的目的是阻止产品从“签约者州”的批发商手中销售到那些未签订转售价格维持合同的零售商手中。公司管理层的解释是 Corning 公司主要依赖经销商的非价格相关服务去销售产品。Corning 公司在 1975 年被禁止进行转售价格维持之后，其产品销量下降，但是它的竞争对手的销量没有明显下降（并且也没有其他外生性原因引起该公司的销量下降）。这样的结果表明 Corning 公司使用转售价格维持的动机并非卡特尔。这在一定程度上印证了转售价格维持在避免纯粹的价格竞争与提升非价格竞争方面的作用。在 1975 年以后，Corning 公司不再使用转售价格维持控制公司交易者的价格和非价格策略，而是通过增加广告支出的方式提升非价格因素在市场占有方面的占比。它的竞争对手的广告支出未做相应的调整。这一点与卡特尔的解释并不吻合。因为处于卡特尔中的企业一旦从价格限制中解脱出来，其应做的是降低其产品的价格和广告费用的支出②。但是 Corning 公司显然并未这么做。

自 1890 年以来，因转售价格维持而遭到卡特尔指控的案件仅占美国联邦卡特尔类案件的 7%。而且在这些以共谋作为案由起诉的案件中大部分涉及水平价格固定而不仅仅是转售价格维持。最近几年，有关卡特尔的指控几乎消失了。利用转售价格维持结成卡特尔以阻止降价被认为是难以实现的。要将价格提高到竞争水平以上，增加卡特尔的利润是有成本的手段。它并不阻止其他公司的降价行为，并且能激励非价格竞争以消耗卡特尔租金。有证据表明，1890—1983 年，36%的转售价格维持案件涉及卡特尔，66.7%的案件涉及单个公司的单边行为，并无卡特尔的合谋。本身违法原则仅适用于一种行为总是或几乎总是限制竞争并且减少产出的情形，并且本身违法原则要求对合理原则的背离必须建立在可靠的经济效果之上。转售价格维持涉嫌卡特尔的指控证据都不符

---

① MATHEWSON F，WINTER R. The Law and Economics of Resale Price Maintenance [J]. Review of Industrial Organization，1998 (13)：57－84.

② 同①：57－84，80.

合这些标准①。对美国1976—1982年203件有关转售价格维持的公共和私人诉讼案件的分析表明，几乎没有证据证明转售价格维持有助于生产商或经销商进行共谋，共谋理论仅能解释不到15%的案例。除了极少数案例外，这些涉嫌共谋的案例都可以通过既有的横向共谋立法来进行规制，无须通过对转售价格维持的规制达到对共谋的规制目的②。因此，在多数情况下，以转售价格维持有利于生产商或经销商进行共谋为由判定其违法是不能成立的。

3.2 转售价格维持合理论及其局限

芝加哥学派认为，垂直交易限制行为很少会反竞争。生产商的目的是增加产品的销售，虽然可能导致产品价格升高，但经销商将会加强服务并避免搭便车问题，因而垂直交易限制能够提高生产者及消费者的共同利益。作为垂直交易限制的一种情形，转售价格维持被认为能够防止专用服务搭便车、防止产品的双重加价、间接反映产品的质量并能够解决需求不确定下的存货激励问题。基于此，芝加哥学派认为，转售价格维持是合理的商业行为。但下面的分析表明，转售价格维持合理论存在解释力方面的局限或不足。

3.2.1 合理论之一：转售价格维持用于防止专用服务搭便车

Telser认为，生产商发起转售价格维持的目的是克服产品专用性服务中的搭便车现象③。对很多商品而言，生产商利润的实现取决于零售商的努力。零售商会通过良好的购物环境、新颖的促销广告、突出的产品展示、出色的促销讲解、减少客户等待时间、充足的存货等良好的服务方式提高消费者的购物体验及对产品的了解，从而促进产品的销售。但服务是需要成本的。在有关产品需要提供专用服务的情况下，会产生零售商专用服务的外部性问题。即一些零售商能够提供良好的服务，但这会增加其销售成本；而其他零售商不提供此类服务，故而能以较低价格出售产品。如此，消费者会在服务较好的零售商处享

① ORNSTEIN S I. Resale price maintenance and cartels [J]. The Antitrust Bulletin Summer, 1985：401-432.

② IPPOLITO P M. Resale Price Maintenance：Economic Evidence From Litigaiton [J]. Bureau of Economics Staff Report Federal Trade Commission，1988 (4).

③ TELSER. Why Would Manufacturers Want Fair Trade? [J]. Journal of law and economics，1960 (3)：86-105.

受免费的服务，然后到价格较低的零售商处购买产品。专用服务的外部性可能导致零售商的价格最终接近于生产商的批发价格，所有零售商都提供较低水平的服务。为消除专用服务的外部性，避免零售商之间的竞争沦为单纯的价格竞争，需要设定一个包含服务成本的最低零售价格，以确保零售商提供相应服务而不亏损，从而激励零售商提供相应的服务。这种情况下转售价格维持的目的是确保服务水平，使消费者更愿意在提供良好服务的零售商处购买产品，促使所有零售商都提供相应服务。因为在价格相同的情况下，消费者更愿意在提供良好服务的经销商处消费。

获得理想零售服务的方法之一是通过合同明确约定具体的服务，同时辅以定期性的服务水平检测，并且终止那些未提供有关服务或提供不充分服务的零售商的合同。但是采用这一办法的前提是，有关服务的合同内容必须完备。而合同内容完备是不可能的。转售价格维持的直接益处就是服务水平的成本容易监测，使零售商从单纯的价格竞争中摆脱出来，致力于提高服务的质量或促销活动，通过高品质的服务树立高品质的产品形象，通过多样化的促销活动促进产品的销售。如果零售商之间就相同产品存在价格差异，则消费者可能会在提供高品质服务的零售商处进行商品体验，然后在不提供相似服务但价格相对优惠的零售商处购买，使提供高品质服务的零售商反而得不到相应的利润回报，从而打击零售商提供高品质服务的积极性，这无疑对零售商进行了反向激励，因而零售商会减少服务的投入，从而弱化产品的影响力，消费者的福利也难以得到提升。而转售价格维持具有防止不提供相应服务的零售商搭便车的功能。因为在价格相同的情况下，消费者更愿意在服务质量好的零售商处进行购买，如此，会形成对零售商服务的正向激励，零售商提供的服务越多，越能得到消费者的认可，其销量与利益也会越大。也就是说，转售价格维持虽然限制了零售商之间的价格竞争，但其能够激励零售商提升服务的品质，使零售商之间在服务方面展开竞争①。在单一生产商和多个零售商构成的纵向约束模型中，零售商的销售努力能够提高产品需求。对于给定的需求，转售价格维持对销售努力和消费者剩余的影响取决于横向外部性的大小和信息不对称的程度。横向外部性问题越严重，转售价格维持对销售努力的激励越显著，消费者福利提升越多；而信息不对称问题严重时，会有相反的结果②。

① 波斯纳．法律的经济分析［M］．蒋兆康，译．北京：中国大百科全书出版社，1997：389.
② 刘志成．转售价格维持、不对称信息与反垄断执法［J］．经济研究，2012（2）：104.

根据上述专用服务理论，转售价格维持策略主要适用于新产品、技术复杂性产品和其他有多种替代性选择的产品。相应地，转售价格维持大多用在购买频率不高或经常变化的产品上，或者用在那些质量不能直接观察到的产品或者时尚产品上。在这些例子中，零售商能显著地影响消费者的最终满意度，有声誉的零售商向消费者提供的信息对扩大产品需求是非常重要的。但这种理论仅能解释产品的售前服务较为重要的情形，如复杂的计算机类产品的销售，却无法解释那些不需要售前服务的产品为何也存在转售价格维持现象，同时也难以说明转售价格维持与零售商提供相应服务之间的关联关系。换言之，转售价格维持一定能使零售商提供相应的服务吗？还有一个疑问是，如果相应服务对产品销售是必不可少的，那么零售商不提供相应的服务就几乎无法销售产品，在这种情况下，转售价格维持存在的合理性又体现在何处？在转售价格维持与地域限制相结合时，同一地域内只有唯一的零售商，不存在同品牌零售商之间的竞争，也就不存在专用服务的外部性问题，此时的转售价格维持合理性又该如何解释？另有研究发现，搭便车问题的严重性取决于产品的生命周期长度。产品的生命周期越长，搭便车问题就越严重，生产商就越愿意选择地域限制而不是转售价格维持。反之，产品的生命周期越短，生产商越倾向于使用转售价格维持[①]。若生产商对生命周期较长的产品使用转售价格维持，则其合理性同样无从解释。

即使有关服务是必需的，转售价格维持也并非唯一有效率的方式，因为其可能产生过量甚至无效的服务。首先，转售价格维持在提供服务方面的作用主要基于两个前提：一是所有消费者都必须为零售商的服务支付相同的成本；二是生产商所要求的服务水平与零售商的价格能够平衡，从而在总体上实现最优社会效率。但事实却是，并非所有消费者都需要零售商提供的服务，部分消费者更重视零售商索要的价格，转售价格维持使这部分消费者额外支付了成本。其次，在零售商所提供服务的边际成本递增时，一些零售商仍然会选择搭便车，以比生产商要求更低的方式提供服务。生产商要杜绝这种搭便车行为，仍然需要加强监督与检查，这就意味着转售价格维持不能很好地解决搭便车问题。最后，生产商通过转售价格维持阻止了零售商将低价格传导给消费者，也就阻止了高效率零售商获得更多的市场份额，从而抑制了高效率零售商所带来

① BOYD D W. The Choice between Resale Price Maintenance and Exclusive Territories：Evidence from Litigation [J]. Review of Industrial Organization，1996 (8)：755－763.

的整体社会效率的提升①。对转售价格维持的实证分析表明，零售商专用服务理论能解释将近50%的案例，但还剩至少30%的案例难以解释②。归结起来，对于存在地域限制、产品的生命周期较长、需求缺乏弹性、无须售前服务的产品所实施的转售价格维持，防止专用服务搭便车理论明显存在解释力的不足。

3.2.2 合理论之二：转售价格维持具备产品质量证明机制

现实中的很多商品并不涉及切实的、复杂的、针对性的专用性售前服务，比如服装、烟、酒、化妆品、珠宝等产品，但是这些产品在销售中的转售价格维持行为普遍存在。根据美国联邦贸易委员会1965—1980年涉及转售价格维持案件的统计分析，其中80%以上的涉案企业处在所属行业集中度为50%左右的市场中③。这一数据说明实施转售价格维持的企业大多是市场份额较大的高质量品牌企业而非低质量产品生产企业。Marvel和Mccafferty提出了转售价格维持的产品质量证明机制，以弥补专用性服务理论的不足④。该理论认为在信息不对称市场中，消费者缺乏识别产品质量的能力，零售商扮演着消费者的代理人的角色，其通过自身对商品质量或流行款式的检定而选择生产商及其产品。因零售商决定进货的行为独立于生产商，零售商的服务品牌也独立于生产商的品牌，有声誉的零售商会拒绝销售那些质量未达到其要求的生产商所生产的产品。消费者如果熟悉零售商的声誉也会信赖其选定的产品。对消费者而言，在哪个零售商处购买产品显得尤为重要。零售商的质量甄别活动是需要成本的，该成本会反映在产品的价格中。因此，有声誉的零售商会要求生产企业实施转售价格维持，生产企业则通过转售价格维持保障零售商在提供质量证明时所应得的价格溢价与边际利润，进而激励零售企业积极开展质量证明行动，维护自己产品的品牌声誉。在质量证明的机制下，转售价格维持显然有助于提高品牌商品的营销效率，有助于解决产品质量信息不对称下的市场失灵，因此

---

① 苏志英，徐新宇．对转售价格维持中搭便车效应合法性与正当性的置疑［J］．中国价格监督检查，2014（1）：40.

② PAULINE M I. Resale Price Maintenance：Economic Evidence From Litigaiton，Bureau of Economics Staff Report Federal Trade Commission，April 1988.

③ Federal Trade Commission. Report on Resale Price Maintenance，part II[R]. submitted to Congress，June 22，1931.

④ MARVEL H P，MCCAFFERTY S. Resale Price Maintenance and Quality Certification［J］. Rand Journal of Economics，1984，15（3）：346－359.

它会提高社会福利①。

转售价格维持的质量证明理论与前述专用服务激励理论并无本质的区别，两者在很大程度上是重合的，也同样存在解释力方面的局限性。首先，产品的质量虽然可以通过服务进行证明，但产品的质量与品牌是由生产商决定的。并不是零售企业的质量证明行动提升了产品的品牌声誉，而是在生产商的产品质量有保证的前提条件下通过零售商的销售活动提升了其品牌声誉。质量是声誉的前提，没有质量不可能有声誉。因此，如果零售商要求生产企业实施转售价格维持，通常是为了避免品牌内的竞争及搭便车，而不是为了产品质量的证明。转售价格维持对质量的证明主要体现在不同品牌的产品之间，即实施转售价格维持的产品通过价格的一致性证明产品质量的一致性，以同价格证明同质量。虽然事实可能未必如此。其次，该理论对新款产品具有证明力，如服装属于流行性或更新较快的产品，消费者对价格不敏感但对款式较为敏感，消费者倾向于到有信誉的零售商处购买。但是该理论对那些已经获得较高市场认可度的耐用产品所实施的转售价格维持缺乏解释力。因为消费者对耐用品的重复购买频率很低，耐用品的质量依赖于市场的反馈，转售价格维持对产品质量的反证作用比较有限。最后，该理论对容易被仿冒的产品存在解释力，但是对不易被仿冒的产品缺乏解释力。在产品被仿冒的风险加大的情况下，正品的生产商通过转售价格维持所确定的较为一致的价格向消费者传递产品的质量信息，使消费者通过价格甄别产品的真伪，有利于降低消费者的信息搜寻成本。通过转售价格维持反证产品质量，可以视为生产商的一种自救行为，但这并非解决仿冒问题的根本之道。对仿冒行为的规制，除从商业渠道或分销体系控制产品的去向之外，还需要有完善的立法以及严格的执法与之相配合。所以，如果生产商对不易被仿冒的产品及耐用品实施转售价格维持，该理论难以给出合理解释。

3.2.3 合理论之三：转售价格维持能够避免双重加价

纵向关系中，转售价格维持被认为具有避免双重加价的功能②。该理论以一个垄断型上游生产商与一个垄断型下游零售商（这种垄断市场结构被称为序

---

① 唐要家．转售价格维持的经济效应与反垄断政策［M］．北京：中国人民大学出版社，2013：38.

② SPENGLER J J. Vertical Integration and Antitrust Policy［J］. Journal of Political Economy, 1950，58（4）：347－352.

列垄断）为例，假设垄断型生产商是一种中间产品的唯一生产者，该产品的单位成本是固定的 C，生产商将产品以 Pc 的价格批发给下游唯一的垄断型零售商，该零售商以 P 的价格出售产品给消费者，最终的需求量为 Q，同时假定生产商是契约内容的决定者，零售商是契约内容的接受者（条件是零售商的边际利润为正），则生产商和零售商的利润总和为总利润。影响总利润的因素包括制造商的生产成本、批发价、零售价、零售商的推销能力、市场最终的购买量及零售地域等因素。其中，零售商的推销能力和零售价是影响总利润的直接关键因素①。在序列垄断结构下，若生产商与零售商采用非一体化模式，则垄断生产商收取一个高于自己边际成本的批发价格，零售商在零售市场收取一个高于自己边际成本的零售价格，产生了价格的“双重加成”。虽然零售商每增加一单位的销售量，都会为生产商带来利润增量，但零售商以自身利润最大化为目标并不考虑生产商的利润增量，故其倾向于做出符合自身利益而不符合生产商利益的销售价格及销售量，使零售价格超过了最大化一体化利润的价格水平并且总利润小于最优水平，结果可能使生产商利润受损。生产商此时有实施纵向限制的激励。经济学的研究表明，若生产商与零售商采用一体化战略，则总利润会比非一体化时更高，因为一体化时是一次加价，非一体化时是二次加价，即生产销售链上的每个企业都加上了本阶段的价格成本边际，二次加价使需求萎缩，总利润减少。因此，消除二次加价的纵向一体化可使总利润增加②。生产商可以采取设定最高转售价格、固定转售价格等松散型的一体化举措，消除双重加价问题，实现总利润的最大化。总利润在生产商和零售商之间的分配取决于批发价格的设定值。当批发价格接近生产成本时，零售商获得大部分利润，当批发价格靠近零售价格时，生产商获得大部分利润。另外，生产商还可以通过特许费的形式调节总利润的分配。

双重加价理论的解释力存在明显的局限性。首先，这种理论主要针对最高转售价格限制及固定转售价格，其中最高转售价格限制使零售商的价格不能超过一定的水平，可以避免销售过程中不同环节的加价导致的商品价格上升，在一定程度上可以避免消费者支付更高的价格，从而有利于消费者福利；但是固定转售价格及最低转售价格维持并未被证明能够使消费者支付较

① MATHEWSON G F，WINTER R A. An Economic Theory of Vertical Restraints [J]. Rand Journal of Economics，1984，15 (1)：27 - 38.

② 艾青．纵向一体化与并购效应研究 [M]. 武汉：武汉大学，2005：73 - 74.

低的价格。其次，在该理论模型中，生产商与零售商是两个垄断者，同时，模型假定生产商是契约内容的决定者，却未能解释作为垄断者的零售商接受契约内容的动机问题。从自利的角度看，具有卖方垄断力量的生产商希望收取垄断价格，而具有买方垄断力量的零售商希望支付竞争性价格，两者的交易价格应该是双方力量博弈的结果，而不仅仅是生产商单方面决定的结果。如果零售商的抗衡力量较为强大，则其同时也拥有相对于消费者的卖方垄断力量，那么零售商所确定的价格未必是较低的价格，消费者也未必能分享到由此带来的福利，除非产品的零售价格等于边际成本[①]。如大型零售组织拥有可以抗衡生产商的力量，其能够使垄断型生产商降低供货价格，但其未必会因此而降低零售价格。最后，限定商品的最高转售价格或固定商品的转售价格并不是解决双重加成的必要方式，更有效的方式应该是在零售环节引入竞争，销售同一品牌的多个零售商之间的竞争会消除垄断型零售商的价格加成[②]。当下游市场处于充分竞争状态时，无论价格由生产商决定还是由零售商决定，最终形成的价格都必然处于较低水平，因为只有这样的低价，才是有利于消费者的价格。

3.2.4 合理论之四：转售价格维持对零售商存货有激励作用

在市场需求不确定的情况下，转售价格维持被认为能够缓解零售商成本不确定所带来的风险分担问题[③]。零售商面临的是一个需求及成本均不确定的市场，若零售市场完全竞争，则零售商必须决定从生产商那里购买多少产品。高需求时产品能够全部销售出去，低需求时一部分产品会滞销积压，零售商不得不降价处理库存，可能导致亏损。为应对需求不确定性，零售商会综合考虑高需求时和低需求时的市场销售量，为避免损失而保持较少的存货，导致预期的购买量低于最优数量。垄断型生产商为实现纵向一体化利润就必须考虑零售商的风险偏好。在零售商厌恶风险的情况下，如果市场需求存在不确定性，零售商对生产商所定批发价格的支付意愿降低。生产商可以选择纵向一体化、回购、地域限制、转售价格维持解决这一问题，但是在这几种方式中，只有转售

---

① DOBSON P W, WATERSON M. Countervailing Power and Consumer Prices [J]. The Economic Journal, 1997, 107 (441): 418-430.

② 唐要家. 转售价格维持的经济效应与反垄断政策 [M]. 北京：中国人民大学出版社，2013: 29.

③ REY P, TIROLE J. The Logic of Vertical Restraints [J]. The American Economic Review, 1985, 76 (5): 921-939.

价格维持的执行成本是最低的，因此它成为生产商的优先选择①。生产商利用转售价格维持机制，设定使零售边际为零的批发价格，这可让零售商的利润独立于需求。通过阻止零售商降价的方式能够保证零售商获得稳定收益，为其提供全方位的利润保障。如此一来，便能激励零售商购买产品和储备存货，促使他们购买最符合市场需求数量的产品②。

转售价格维持的这种积极效果能够为新产品进入市场提供便利。因为新产品进入市场往往需要投入大量的成本进行售前的服务体验及产品推介，如果零售商没有足够的利润空间保证，其对新产品提供推介服务的积极性并不高。转售价格维持能够确保零售商的利润，使其致力于展示和介绍新产品从而吸引消费者。同时，转售价格维持避免了其他零售商的服务搭便车行为给提供高品质服务零售商所带来的损失。因此，转售价格维持在促进新产品进入市场方面的作用应被肯定。但是该论点主要适用于满足下列条件的产品：竞争性零售商在市场需求波动发生前存货；当没有转售价格维持时，零售价格能迅速对市场需求冲击做出调整以出清市场；市场冲击结束后产品几乎没有任何残值，并且继续保存产品的库存成本很高。这些产品包括音像制品、光盘、软件、流行女装、杂志报纸，以及受气候变化影响的园艺产品、农用化学品、化学设备等③。该理论不能适用于那些需求相对稳定或者即使需求出现波动也不会导致被市场抛弃的产品。另外，该理论以生产商和零售商的利益为重心，强调了转售价格维持对零售商的存货激励，并由此推导出其效率效应，却对消费者利益有所忽视。在需求存在不确定性的情况下，零售市场竞争带来的消费者剩余和总福利要高于转售价格维持时的水平。因为在市场竞争的环境中，产品的零售价格接近于生产成本加流通成本，产品售价最低，零售商的利润接近于零，但能实现销量最大化，由此带来的消费者剩余和社会总剩余是最高的，有助于社会福利的改善④。而转售价格维持不允许零售商以低于指定价格的价格销售产品，这会使消费者支付更高的价格，损害了消费者福利。

---

① BUTZ. Does the per se rule deter vertical price - fixing? [J]. Economic Inquiry，1996，34 (4)：770 - 780.

② RAYMOND D，MARVEL H，PECK J. Demand uncertainty，inventories，and resale price maintenance [J]. Quarterly Journal of Economics，1996，111 (3)：885 - 913.

③ 唐要家．转售价格维持的经济效应与反垄断政策 [M]. 北京：中国人民大学出版社，2013：52.

④ 同③：47 - 48.

3.3 转售价格维持法律规制理论的抉择

对转售价格维持违法论与合理论的分析表明，品牌内价格竞争及生产商之间或经销商之间的合谋问题不应成为法律规制转售价格维持的基础。同时，防止专用服务搭便车理论、避免双重加价理论、产品质量证明机制理论及激励零售商存货理论都具有自身的局限性。具体而言，当垄断型生产商主导的转售价格维持与地域限制相结合时，专用服务搭便车理论将无解释力；避免双重加价理论仅对固定转售价格及最高转售价格有解释力，对限制最低转售价格的行为则无解释力；产品质量证明机制理论与专用服务搭便车理论并无本质区别；激励零售商存货理论对新进入市场的产品的转售价格维持具有解释力，对已经具有广泛市场认可度的产品的转售价格维持缺乏解释力。因此，在有限度地承认转售价格维持的积极效应的前提下，如何对其进行规制是首先需要解决的问题。

3.3.1 转售价格维持的法律规制不应以合理论为主导

无论是防止专用服务搭便车、避免双重加价还是证明产品质量及激励零售商存货，都是站在生产商的角度，从生产商的利益出发对转售价格维持可能产生的效率效应进行的理论阐释。可以说，合理论的本质是在为生产商的效率辩护。合理论本身的解释力局限性及效率本身的不确定性使其不宜成为法律规制转售价格维持的主导理论。效率最基本的内容是投入与产出或成本与收益之间的关系。如果一个生产过程能够以最低的总成本投入，实现既定水平的产出，那么该生产过程在生产层面是有效率的。同样，如果一个生产过程可使既定的投入组合得到最大的产出水平，那么该生产过程在生产上也是有效率的。所以，效率的基本含义就是在一个给定的投入量中获得最大的产出，即以最少的资源消耗取得同样的效果，或以同样的资源消耗取得最大的效果[①]。但作为经济学上的概念，效率不再局限于投入与产出之间的关系，而更多地是在描述一个特殊的均衡点。在经济学教科书中，“效率”或“最优”的标准定义是：所谓“效率”或“最优”，指的是一种状态，任何偏离该状态的方案都无法使一部分人受益而其他人不受损，这就是帕累托最优效率。若一种行为能够朝着帕

① 张中秋，杨春福，陈金钊．法理学：法的历史、理论与运行［M］．南京：南京大学出版社，2001：261.

累托最优状态发展，就被称为“帕累托改进”。只要还有帕累托改进的余地，就意味着尚未达到帕累托最优。也就是说，在存在利益冲突的情况下，只要各方利益都在增加且没有任何一方利益受损，那么任何一方都可以尽力追求自身利益，而其行为边界是其中任何一方的利益受到损害。因此，帕累托最优是一种理想的状态，是理性经济人在追求自身利益时应遵循的边界，即不可以损人利己。然而在现实中，一些人的自利行为虽然能够使总的利益增大但损害了他人的利益，如果严格坚持帕累托效率，这种行为是不被允许的。但如果给予受损害者利益的补偿，在总体上还能增加利益的话，就存在“卡尔多-希克斯改进”的可能，这种情况下就可以视为没有损害他人的利益，仍然是朝着帕累托效率改进的，这种情况下的效率被称为“卡尔多-希克斯改进效率”。除此之外，还存在动态效率这一概念，它指由技术创新催生出新产品或实现技术改进，从而获得产品优势地位。上述生产效率、帕累托效率、“卡尔多-希克斯改进效率”以及动态效率等不同的效率观，深刻地影响了反垄断有关的理论。

转售价格维持合理论，指向的是从垄断型生产商立场出发所考量的效率。一般认为，由生产商主导的转售价格维持会导致产品价格升高。在产品可替代性较低的情况下，制造商处于相对优势地位，较高的最低转售价格也难以对制造商的产品销售产生影响，此时的转售价格维持带给生产商的是高利润。较高的最低转售价格能充分保证销售商的利润，也促使销售商对生产商的产品做出更多的推广或推荐。对于那些零售商的建议会对消费者的选择产生相当影响的产品而言，转售价格维持能够增加生产商的销量。如果市场上生产商数量较多，并且大部分都不实施转售价格维持，当仅有一个生产商实施转售价格维持时，其产品能获得零售商的特别推荐，其销量也会增加，从而给生产商带来利润；零售商同时销售多个生产商的产品并且大多数生产商都实施转售价格维持时，若零售商不能获得较高的零售利润，其将不会对该产品进行较多推荐，那么产品的销量也不会因为实施转售价格维持而增加。

美国联邦贸易委员会的调查发现，实施转售价格维持确实能够对生产商利润产生重大影响。在竞争比较自由的市场内，多数生产商因实施转售价格维持获得了更多利润。如果是独占厂商和生产商联合实施转售价格维持，生产商将能获得更高的利润①。有学者的研究模型显示，独占厂商通过对加盟店实行转售价格维持的方式能够收取最大的独占利润。该模型表明，独占厂商可以采取

① 王铭勇．限制转售价格法制之研究［D］．台北：台湾政治大学，2001：20.

低于边际成本的批发价，结合较高的转售价格，吸引更多的加盟店以促销其商品，然后通过收取加盟费剥削加盟店的超额利润，以获取最大的独占利益①。理论上，生产商决定转售价格不仅要考虑自己的利润，还要考虑其产品在相关市场所面临的竞争程度、消费者对其产品的需求弹性以及整体上的经济形势。如果产品的可替代性较高，设定较高的最低转售价格将可能使产品在与同类其他产品的竞争中处于劣势，因为较高的最低转售价格会使零售市场的消费者选购其他同类产品，零售商会减少对其产品的销售，最终会对生产商产生不利影响。但事实是，实施转售价格维持的生产商因品牌或产品差异而具有较低的可替代性，转售价格维持使其获得了更多利润。如果把生产商视为与消费者利益冲突的主体，则生产商的高利润意味着消费者福利的丧失。转售价格维持合理论对生产商行为寻求正当性的依据仅能有条件地成立。当不具备这些条件时，对合理论的扩大化适用将会产生不公平的结果。

3.3.2 转售价格维持的法律规制应保护零售商的竞争自由

生产商主导的转售价格维持限制了零售商根据自身所处的商业环境进行价格竞争的自由，使零售商只能采取其他形式的竞争，包括店内陈设、广告、商品的多样化、陈列、配送及售后服务。这种服务的竞争，在不实施转售价格维持的产品领域也会发生，转售价格维持只不过将价格的竞争转换成了服务的竞争。如果同类产品的大多数生产商均实施了转售价格维持，那么这些产品的价格变化就会比较僵化，产品之间的竞争就是价格之外的因素，如产品的广告、赠品、品质、包装等。这些非价格竞争会导致产品零售价格的上涨，因为转售价格维持使零售商只能在一定的价格以上进行销售而不能低于该价格销售。在价格竞争受到抑制的情况下，服务的竞争会被激化，零售商在服务方面的投入会增加，其利润被进一步压缩。至于零售价格上涨程度如何，即该零售价格与不实施转售价格维持的零售价格相比究竟上涨多少，则因所限制的最低价格、生产商所处的竞争条件、实施转售价格维持的厂商的比例之不同而有较大差别。但无论限定较高的转售价格还是限定较低的转售价格，零售商相对生产商的利润都会被压缩。

转售价格维持对零售商的影响还表现在零售商的数量方面。因实施转售价

① PHILLIPS O R. Vertical Restrictions and the Number of Franchises [J]. Southern Economic Journal，1991 (10)：423-429.

格维持使零售商不能展开价格竞争，那么大型零售商进入市场的速度就会减缓，并且小型零售商因市场竞争而被淘汰的速度也会减缓。同时，因转售价格维持可促使更多的零售商进入市场，结果是，零售商的数量越来越多。在需求量未增加的情况下，零售商数量的增加使每个零售商所销售的数量减少，零售商的平均利润减少。若生产商允许零售商任意进入，则零售商在不能展开价格竞争的情况下，面临严重被限制的市场竞争空间，竞争利益被变相剥夺。违法论以横向竞争为着眼点，从品牌内价格竞争及零售商卡特尔的角度认定转售价格维持的违法性，忽视了零售商相对于生产商的独立法律地位，未正视零售商作为独立法律主体应拥有的与其他同类产品零售商展开自由竞争的权利，也未正视同地域限制相结合的单边政策型转售价格维持中零售商的竞争自由被严重限制的现实。

在资源稀缺的现实世界，一切有价值的物化利益都需要通过竞争机制确定其归属。竞争不仅是人类的生存所需，也是自我价值实现的精神追求。真正的竞争能极大地激发人的创新精神。在经济领域里，竞争者必须求新求异同时降低成本提高商品或服务质量，只有这样才能战胜竞争对手，赢得市场地位，这一方面使市场上呈现了多样化的商品，满足了人们多元化的需求，另一方面使消费者有机会获得更好更便宜的商品，同时也促进了技术、文化、经济的发展。因此，马克思给予竞争以极高的评价，认为它是"资产阶级经济的重要推动力量"。艾哈德认为："竞争是提高生产率的最理想的手段。"① 发展市场经济就要保障市场主体的竞争自由，使其免受来自外界的限制。反垄断法首要的任务是保证自由竞争，激发人们的竞争动力，促使人们竭尽全力参与竞争，从而促进经济发展和社会繁荣。垄断者的目的是攫取超额垄断利润，在社会财富总量一定的情况下，垄断者的超额利润必然以非垄断者利润的丧失为代价。垄断者常借助市场支配力量，无正当理由地限制企业的竞争自由，导致社会财富分配的非正义。转售价格维持限制了零售商参与竞争的最有力武器，使竞争利益受到了严重限制。对转售价格维持的法律规制不能片面地强调给垄断型生产商可能带来的效率，应重视零售商参与竞争的自由与利益。

3.3.3 转售价格维持的法律规制应基于消费者福利

消费者选择和接受商品或服务的过程，是以手中的货币进行投票的过程。

① 艾哈德．来自竞争的繁荣［M］．北京：商务印书馆，1983：154.

如果企业之间的产品和服务不存在竞争，则消费者的“货币选票”就不能最大限度地发挥作用，消费者也难以获得最佳的产品和服务。因此，反垄断法律必须清除经济活动中的限制竞争行为，遏制市场力量的滥用，让竞争机制充分发挥作用。有学者对谢尔曼法的立法历程进行研究，发现承受高额物价的消费者是推动该法通过的一支重要力量。全美的物价水平也在谢尔曼法制定前后得到了明显抑制。1890年的物价指数几乎是美国内战以后最低的[①]。从理论上来说，由于上游生产商限制下游零售商面向消费者的转售价格，转售价格维持对消费者利益产生的影响主要体现在价格方面。零售商不能低于某一价格销售产品，意味着消费者不能低于某一价格购买产品。若零售商同时经销多个生产商的产品，实施转售价格维持的产品将会使该零售商获得相对固定的高利润，当零售商的产品推荐对消费者的购买选择影响较大时，实施转售价格维持的商品将会获得优先推荐，其他产品的生产商亦可能纷纷实施转售价格维持，其结果是零售价格普遍上涨。此外，零售商对实施转售价格维持的产品的特别推荐，可能会加重消费信息的不对称问题，在所推荐商品品质较差的情况下更是如此，这种情况下的转售价格维持，不仅限制了零售商决定商品价格的自由，而且在信息不对称的作用下干扰了消费者的正常选择。

美国联邦贸易委员会对实施转售价格维持的生产商进行调查发现，转售价格维持在相关行业中的实施比例与生产商的利润成正相关关系，即某一行业实施转售价格维持的生产商的比例越高，行业利润往往也越高[②]。相应地，消费者剩余就越少。但是，消费者福利不能仅仅局限在价格方面，需要结合具体的产品综合评判消费者福利的增减。比如，美国在1952年的有关调查显示，1939—1947年，美国民众生活费上涨59.3%，但实施转售价格维持的药品的价格仅上涨3.1%；另外，日本调查显示，1960—1967年，日本的消费者物价指数显著上涨，但是实施转售价格维持的化妆品的价格几乎没有上涨[③]。因此，转售价格维持对消费者福利的影响不能仅考虑价格因素。首先，生产商所定的最低转售价格并不一定是较高的，甚至还可能是较低的，此时的转售价格限制并不会减少消费者福利；其次，转售价格维持使消费者不必花费成本去搜寻价格信息，在消费者偏好不变的情况下，总交易费用降低，消费者福利不会

① 吴玉岭．契约自由的滥用与规制：美国反托拉斯法中的垄断协议［M］．南京：江苏人民出版社，2007：34-35.

② 李剑，唐斐．转售价格维持的违法性与法律规制［J］．当代法学，2010（6）：114.

③ 王铭勇．限制转售价格法制之研究［D］．台北：台湾政治大学，2001：24.

减少；再次，若一味进行价格方面的竞争，大型零售商有雄厚的资金支持，可以进行低价格销售，而小型零售商将难以生存，小型零售商的减少或消失会对消费者购物的便利性产生影响。在零售商与生产商达成双边型转售价格维持的情况下，零售商的竞争自由并未受到严格限制，应考察消费者福利是否受到影响。产品的质量、价格、服务、信息搜寻成本、购物的便利性等都可以作为考察消费者福利的参考因素，结合这些因素综合分析其所产生的效应，具有极强的可操作性，能够节约执法的成本，提高执法的效率。

因此，研究转售价格维持对竞争的影响是较为复杂的命题。违法论从品牌内价格竞争及品牌间卡特尔的角度对其限制竞争的后果进行分析，其立足点在于横向的市场竞争；合理论从防止专用服务、避免双重加价、产品质量证明、激励零售商存货的角度对其促进效率的效应进行分析，其立足点在于生产商的效率。虽然通常情况下市场竞争能够带来效率，但生产商的效率与社会整体效率并不能画等号，提升生产商的效率也不能等同于促进相关市场的竞争。违法论与实证经验不符，不能作为规制转售价格维持的理论依据。合理论的每一个论点都有自身的限定性条件，只有在满足特定条件的情况下才能成立，因此，合理论不能作为法律规制转售价格维持的主导理论。可以确定的是生产商主导型的转售价格维持是生产商从自身利益出发为了追求更多利润而限制零售商竞争自由的行为，其对竞争自由的损害是确定的，那么法律对其进行规制也就有了正当性。对于契约型转售价格维持，零售商的竞争自由未受到单边限制，应该从消费者的福利角度考察其效应。消费者福利可以从产品的质量、价格、服务、信息搜寻成本、购物的便利性等方面综合分析。

4 代表性国家和地区转售价格维持法律规制及其启示

作为反垄断法的发源地，美国是最早规制转售价格维持行为的国家，但其对转售价格维持的规制是通过判例逐步确立的，《谢尔曼法》中并未就该问题进行明确规定。美国法院主要依据《谢尔曼法》中有关“共谋及限制贸易”的规定审理相关案件。第二次世界大战以后，德国和日本被美国强行推进反垄断立法工作，并依据美国当时对待转售价格维持的态度而禁止该行为，同时根据本国国情做出了例外性规定。我国《反垄断法》是以欧盟反垄断法为蓝本制定的，欧盟反垄断法有关转售价格维持的规定可直接追溯至德国。因此，对美国、德国、欧盟及日本的有关转售价格维持的法律规定进行考察与分析甚为必要①。

4.1 美国

美国《谢尔曼法》是在特定的历史条件下产生的，其“终极目标是制止商业活动中对自由竞争的限制——因为那样会导致限制产出、提高售价、控制市场，从而损害商品的购买者与服务的接受者，而所有这些都被认为是侵害公益的特殊形式”。② 而 1966 年法官伯克在《谢尔曼法的立法目的和政策》一文中强调，国会制定《谢尔曼法》的主要目的是提升资源配置效率以增进消费者福利。由此掀起了反垄断法的价值之争③。机会（均等）、效率、繁荣、正义、

① 王铭勇博士的论文《限制转售价格法制之研究》对美国、德国、日本、法国、英国有关转售价格维持的法律制度进行了详尽地介绍与研究，本书有关美国、德国、日本法的内容主要以王铭勇博士的论文为基础，在此对王铭勇博士表示深深感谢！

② 吴玉岭．美国反垄断法的价值追求及其争议背后的意识形态冲突［J］．首都师范大学学报（社会科学版），2009（2）：58－59．

③ 叶卫平．反垄断法的价值构造［J］．中国法学，2012（3）：135．

和谐与自由均曾被处于不同立场的个体视为反垄断法追求的目标。另外，美国反垄断法的实施一直有实用主义的倾向并深受特定时期司法价值取向及其背后的意识形态的影响。因此，美国反垄断法的价值取向表现出了极强的不确定性，其对某一行为的规制往往因政治、经济背景甚至经济学理论的不同而不同。美国对转售价格维持的规制也因为不同时期的不同背景及不同价值取向而表现出了波动性。

4.1.1 美国法院规制转售价格维持的起源——动产权利变动规则

根据美国学者 Yamay B. S. 的实证研究，转售价格维持起源于 19 世纪后半期（约 19 世纪 80 年代）的英国，后来美国为了保护小型零售商免于掠夺性价格竞争而将其引进①。19 世纪后半叶，因百货商店、大型超市等新兴零售商采用低价格营销策略，零售商之间的价格竞争相当激烈，传统小型零售商在激烈竞争中难以生存，于是联合起来要求制造商实施转售价格维持，限制零售端的价格竞争。

在《谢尔曼法》出台之前，关于转售价格维持的法律评价，主要依据普通法上有关动产权利变动的规则，认为在物品买卖关系中，卖方在动产出售前对其拥有完全的权利，包括是否出售的权利。一旦物品售出，则卖方不能保留该物品附带的其他权利，买方获取对该物品完全的权利，包括是否出售的权利以及以什么价格出售的权利。卖方若通过契约限制物品将来的出售价格，即是在属于他人之物品上施加意志，将侵犯买方的交易自由，而交易自由被视为公共利益，任何人不得侵犯。这是一种个体主义的权利分析进路，以特定的行为对特定的主体的权利影响来判断行为的合法性，是静态的、具备形式主义倾向的分析进路②。

在美国司法实务上对转售价格维持之效力问题的讨论，首先出现于美国联邦最高法院的 Fowle v. Park 一案③。该案中原告为一药品制造方法的发明人，其与交易相对人约定，依该方法所制药品须在特定区域销售并且不能低于其指定价格，该约定对药品的受让人同样有约束力。被告违反了前述约定条款，但被告抗辩该约定因限制其交易自由并且违反公共利益而无效。美国联邦最高法

---

① YAMAY B S. The Original of Resale Price Maintenance: A Study of Three Branches of Retail Trade [J]. Economic Journal, 1952 (9): 522.

② 叶卫平．反垄断法的价值构造 [J]. 中国法学，2012 (3)：142.

③ 王铭勇．限制转售价格法制之研究 [D]. 台北：台湾政治大学，2001：35.

院认为此案判决中应首先考虑公共福利（public welfare），如果这种限制与公共福利无关且对相对人的限制并未大于相对人所需，则应该支持这种限制。问题在于契约是否合理。美国联邦最高法院认为涉案契约并非不合理契约，认为卖方有权基于其最大利益销售物品，因此可以事先排除或避免交易相对人即买受人之间的竞争，而买受人受到这种保护，对实现其利益而言是合理的并且是必要的。因此，为保护新发明方法所制造的物品并鼓励有益的发明，这种限制应被允许。该判决从保护发明的角度做出，从知识产权保护的有关法律视之，并无不妥之处。但若依上述美国普通法上的动产权利变动规则，则属于对买方权利的限制。

4.1.2 美国法院依据《谢尔曼法》对转售价格维持的规制：共谋与限制贸易

19 世纪后半叶，美国国内出现了各种托拉斯组织，其中标准石油公司和铁路公司最受注目。这些托拉斯组织是由中小企业经过兼并、合并及合同安排等方式而组成的大型一体化组织，其控制了相关行业的原材料提供、产品生产、产品销售及产品价格，以其雄厚的经济实力占有了市场中大部分的份额。作为竞争对手的中小企业面临生存危机。很多不愿意屈服于托拉斯组织的中小企业主纷纷破产，而托拉斯组织的交易者比如消费者却处于“要么走开要么接受”的境地。这种情势下的托拉斯组织面临着两种截然不同的评价：一种评价深受达尔文进化论的影响，认为托拉斯组织是社会进化、适者生存之产物，托拉斯组织所攫取的巨额财富是其高效率经营的结果；另一种评价主要来自新闻记者，认为托拉斯组织造成了一系列弊端，包括向政府官员贿赂造成政治腐败、享受特权破坏平等、以掠夺性价格使竞争者无法进入市场、不当提高价格损害消费者利益、以操纵股票价格的方式欺诈投资者、轻易关闭工厂使工人失业等。新闻记者通过报纸等媒介大肆宣扬托拉斯的弊端，引发了风起云涌的反托拉斯运动。《谢尔曼法》在这种背景下产生。

可以看出，《谢尔曼法》产生伊始主要目的是规制对竞争造成影响的托拉斯。曾经出现的托拉斯组织对社会和经济公平及竞争环境的破坏使美国对竞争者之间的共谋深恶痛绝。而托拉斯形成的一个很重要的方式就是契约或非契约式的合谋，所以《谢尔曼法》第一条就规定：“任何以契约、托拉斯或其他方法进行的结合或共谋，用以抑制各州间之贸易或商业，或抑制州与外国间之贸易或商业者，均属违法。任何人缔结上述违法之契约或从事上述违法之结合或共谋者，视为触犯重罪。若经定罪，处法人 100 万美元以下罚金；若是自然人，由法院裁量，处自然人三年以下有期徒刑，或科或并科 10 万美元以下罚金。”这表明了美国对共谋所产生的限制竞争结果的警惕与规制力度，但《谢尔曼法》没有对转售价格维持做出明确的规定。美国司法实践中对转售价格维持的规制最初的依据是《谢尔曼法》第一条的规定，其重点是通过对契约或非契约式“合谋”的解释来判断转售价格维持是否违法。如果合谋具有限制贸易的意图或后果，则违法。理论上认为意图共谋者有可能以其他方式掩盖共谋行为，转售价格维持被认为有可能成为掩盖共谋的工具。因此，美国法院在转售价格维持案件中尤其重视对共谋证据的掌握。如果不能证明共谋的存在则就不能认定转售价格维持违法。

（1）Dr. Miles 案①——转售价格维持限制了零售商的交易自由

美国反托拉斯法史上对转售价格维持做出判决的第一个案例是 Dr. Miles Medical 公司案。该案的原告 Dr. Miles Medical 是从事专利药品生产、批发与零售业务的生产商，其与美国国内 400 家批发商、2 500 家零售商缔结正式契约并在契约中指定最低批发价及零售价。被告是原告产品的批发商，其拒绝以原告指定的最低批发价格销售该专利药品，并且引诱其他批发商违反与原告的价格协议。原告遂以被告降价销售行为不当并且恶意干涉原告与其他经营者的协议为由起诉被告，诉请法院制止被告降价行为，并发布禁令，禁止被告从执行与原告所签协议的批发商或零售商处获得该专利药品。但美国联邦最高法院认为原告与被告所订契约明显限制交易，无论是依据普通法还是依据《谢尔曼法》，该契约均属无效，故驳回了原告的诉讼请求。

以休斯法官（Justice Hughes）为主的多数意见②认为：首先，诉争契约对专利药品转让权利的限制，违反公序良俗。因为动产的处分权是一项很重要的权利，原告作为专利药品的制造者在商品售出之后就不能再确定其转售价格，转售价格应由动产的受让人自由确定，对处分权的限制就是对交易自由的限制，一切对交易自由的限制都是对贸易的限制。其次，诉争契约企图维持商品价格，阻止系争产品在批发市场与零售市场的竞争，属于应当禁止的价格卡特尔行为。休斯法官并未明确诉争契约当然违法，但以该契约明显限制贸易为由认定其违法。

---

① Dr. Miles Medical Co. v. John D. Park Sons Co.，220 U. S. 373 (1911).

② 同①：405 - 407.

而霍姆斯法官（Justice Holmes）则提出了反对意见[①]，其认为基于“自由放任原理”，生产商可以同批发商或零售商自由约定转售价格，法院不应对此进行干预，法院的干预也无明确的依据。霍姆斯法官的意见是对契约自由的坚持。契约自由预设的前提是均质的、平等的人，双方所掌握的信息、谈判能力及各自的实力相当，形式上双方是平等的、自由的，可以自由选择合同的主体、合同的内容及交易的方式，不受任何的强制。但是合同当事人不受强制不等同其不受限制，任何合同都需要权利与义务的对等，通过合同设定权利也就通过合同设定了义务，而义务实质上就是一种限制。在双方自愿情况下，契约自由应受到尊重。但契约自由并非无限制的、绝对的自由，而且契约自由不能仅仅是一方当事人单向度的自由，而应该是契约双方双向的自由。如果契约的另一方当事人不接受这种限制，但是又没有其他的选择，那么这种形式上的契约自由就要大打折扣。同时，自由与限制是相伴而生的，契约一定伴随着某种限制，并且这种限制同某种利益的获得或让渡有关。那么，在契约自由原则下，卖方自由对价格进行限定，买方接受这种价格限定，在契约法上是能够产生拘束力的。

两位法官对该案的观点冲突实质上是制造商的契约自由与销售商处分权自由的冲突。显然，该案判决是销售商的处分权自由对制造商的契约自由的胜利。但是从转售价格维持限制了销售商的处分权直接推导出其违法性，在一定程度上缺乏以反垄断法来进行规制的正当性。因为限制处分理论否定的是不公平的限制。如果将转售价格维持对销售商处分权的限制等同于不公平的限制，就没有真正考虑被限制方因某种可得利益而自愿接受甚至积极追求这种限制的可能性，也就没有意识到被限制方接受这种限制所包含的自由意志。从这个意义上说，限制处分理论与契约自由原则是相抵触的，限制处分理论并没有充分解释转售价格维持的非法性问题[②]。限制处分理论仍然属于个体主义的权利分析进路。对转售价格维持的违法性判定应采取整体主义的市场竞争分析进路。卖方销售商品，就是将商品的所有权进行了转移，销售商购买商品获得所有权然后转售，其应该享有完全的处分权。只有销售商的定价权不受限制，销售商才称得上进行了自由竞争，否则，销售商的自由竞争权限受到限制，就等同于市场的自由竞争受到了限制。而自由竞争是一项重要的公共利益，违反或限制

---

① Dr. Miles Medical Co. v. John D. Park Sons Co.，220 U. S. 373（1911）：410－411.

② 唐斐．转售价格维持的反垄断法规制［D］．重庆：西南政法大学，2008：72.

自由竞争的行为应该受到法律的禁止。所以，零售商的竞争自由才是反垄断法对转售价格维持进行规制的正当性基础。这与前述 Fowle v. Park 案保护知识产权的价值取向明显不同。该案判决没有明确使用本身违法原则的措辞，也没有明确依据《谢尔曼法》第一条的规定，其主要依普通法的动产权利变动规则，在理论及实务上都认为该案确立了对转售价格维持适用本身违法原则的先例。关于本身违法的理由，表面上是其限制了买方的交易自由，本质上是限制了买方的竞争自由。

以竞争自由受到了限制而对制造商与零售商之间的转售价格维持协定进行规制，首先必须确定制造商和零售商是相互独立的法律实体，并排除两者之间的代理关系。所以该案的原告强调其和所有批发商、零售商包括被告之间建立了代理关系，所涉及的专利药品在卖给消费者之前原告都保留了所有权，原告作为代理关系中的被代理人确定代理人所出售商品的最低销售价格是正当的。而联邦最高法院认为，原告与被告及其他批发商与零售商之间的交易不是真正的代理或代销合同，而是销售合同，做出这种认定需要认真分析制造商与批发商或零售商之间的交易行为及习惯。

(2) 高露洁案①——生产商的单边行动不构成“共谋”

高露洁（Colgate）公司是肥皂、化妆品及其他洗浴用品的制造商，其通过单方发布通知的形式要求：①散布统一的零售价目单；②激励交易者遵守这些价格；③通知交易者如果不遵守价目单将会被停止交易；④交易者以其他价格销售时通知高露洁；⑤发现和观察其他交易者的价格；⑥若发现有人以其他价格进行售卖就将其列入终止交易名单；⑦交易者作出保证承诺遵守指示价；⑧拒绝将商品售于那些不作保证与承诺的交易者；⑨将商品售于作出保证与承诺的交易者；⑩新加入的交易者在开户时作出这种保证与承诺；⑪可以自由将商品售于遵守价格的交易者，但不能将商品售于那些终止交易名单上的销售商。美国政府以高露洁公司实施转售价格维持的目的在于同销售商结合为由而提起诉讼。

美国联邦最高法院认为，被告的行为只是事前通知销售商以指定价格进行销售的单方行为，而非与销售商共谋的双方行为。《谢尔曼法》的主要目的之一在于禁止侵害其他交易者的自由以及以维持垄断为目的的契约、结合与共谋，而高露洁公司没有维持垄断的目的，仅通过事前通知的方式选择那些遵守

① United States v. Colgate & Co., 250 U. S. 300 (1919).

自己指定价格的销售商进行交易，而拒绝与不遵守指定价格的销售商交易，并不违反《谢尔曼法》。该判决意见被称为“高露洁原则”（Colgate Doctrine）。“高露洁原则”被认为是上述 Dr. Miles Medical 公司案所确立的本身违法原则的例外。依据“高露洁原则”，转售价格维持是否违法需要考察其是否构成交易者之间的“共谋”或“合意”，如果构成交易者双方的“合意”或“共谋”，那么就适用本身违法原则；如果是某交易者的单方行为，则不构成转售价格维持，不适用本身违法原则。

“高露洁原则”表面上是对《谢尔曼法》中“共谋”或“合意”的双边性的解释，实质上是对生产商定价自由的尊重，生产商的定价自由是契约自由的表现形式之一，可以说其价值取向仍是契约自由。但是“高露洁原则”并未对批发商或零售商的定价自由或竞争自由给予重视。

（3）高露洁案的修正——被强制而接受价格限制仍是“共谋”

高露洁案之后，美国联邦最高法院也认为“高露洁原则”从外在形式判断《谢尔曼法》中的“共谋”并不妥当，在后来的判决中也尝试修正该原则的适用范围①。如，在 United States v. A. Schrader's Son 案②中，法院认为，不论制造商是否事前明确指示，如果从交易过程或其他情形可以推定制造商与所有销售商签约时都要求其遵守指定的价格，那么就应该视为违法；在 FTC v. Beech - Nut Packing Co. 案③中，法院认为，制造商为实施转售价格维持，专门雇佣代理人对销售商进行监督，发现销售者降价时即终止与其交易或者对其进行惩罚，可以推定制造商与销售商达成了合意；在 United States v. Parke Davis &Co. 案④中，法院认为，制造商不仅对不依指示价销售的销售商通知停止交易，而且威胁批发商不能与这些销售商交易，强制销售商遵守指示价，可以认定制造商与销售商达成了合意。美国联邦最高法院在前述案件中的态度表明，转售价格维持是否合法，视其是否构成《谢尔曼法》上的“共谋”而定。是否构成“共谋”，并不是单纯地看制造商与销售商是否有转售价格维持协议存在，而要看制造商的行为是否实质性地对转售价格做出了限制。若制造商通过终止交易或终止交易的威胁、惩罚等措施实质地控制了转售价格，那么

---

① Glen O. Robinson. Explaining Vertical Agreements: The Colgate Puzzle and Antitrust Method [J]. Virginia Law Review，1994，80（3）：577 - 623.

② United States v. A. Schrader's Son，52 U. S. 85（1920）.

③ FTC v. Beech - Nut Packing Co.，257 U. S. 441（1920）.

④ United States v. Parke Davis &Co.，362U. S. 29（1960）.

就可以认为制造商与销售商达成了“共谋”。通过对“共谋”的牵强解释，限制了“高露洁原则”的适用范围，使迈克尔医药公司案的本身违法原则在一定程度上得到贯彻。之所以说这种对“共谋”的解释比较牵强，是因为共谋通常是指双方出于自愿而非一方受另一方强制的情况下所达成的协议，参与共谋的双方在协议达成过程中也会存在相互妥协与让步，但是双方的共谋指向共同利益，同时各方都具有自由选择参与或不参与共谋的权利。转售价格维持协议则与此不同，其通常由一方强制另一方实施，另一方被迫接受并且对自己的定价权进行限制，对被迫接受方而言很难称得上是与对方达成了“合意”。尽管 Colgate 案所确立的原则被修正，但不意味着“高露洁原则”彻底失去了效力，该原则对美国的司法实务仍有相当程度的影响。对于生产商事先单方面做出的转售价格维持通知或声明，若该通知或声明直接面向零售商做出，通常不会被认定违法。

4.1.3 转售价格维持合法化阶段：侧重对中小零售商利益的保护

与美国法院对转售价格维持的态度不同，商界尤其是以医药品零售商协会为首的有关主体，开展各种请愿活动，要求政府在立法上将转售价格维持合法化，但百货公司却强烈反对，反托拉斯学者也表示反对。只有新泽西州通过立法承认转售价格维持合法。随后，1929 年的经济危机爆发。经济不景气加上大型零售商进入零售市场，使中小零售商面临更激烈的价格竞争。为了保护这些中小零售商，产生了以州为单位要求转售价格维持合法的立法运动。加利福尼亚州在 1931 年制定《公平交易法》，准许实施转售价格维持。该法规定商标品的制造商为确保同种商品的销售商之间进行公平且公开的竞争，可以要求其交易相对人按照指定价格销售商品。但在现实中，商标品制造商不可能与所有零售商缔约，而那些重要的实施低价的销售商均拒绝签订转售价格维持契约。为贯彻法律实施，加利福尼亚州在 1933 年对《公平交易法》进行了修改，增订了签约者条款与非签约者条款。依非签约者条款的规定，商标专用权人有权制止不签署转售价格维持契约的零售商以低于商标专用权人所指定的价格销售商品。即，非签约者条款通过立法明确要求即使没有契约关系的零售商也必须遵守商标专用权人为其商品所指定的价格。其他州纷纷效仿加利福尼亚州，制定含有非签约者条款内容的公平交易法。不过，对公平交易法中这样的条款是否违宪，美国国内有相当大的争议。1936 年，纽约州最高法院判决非签约者条款违宪，但加利福尼亚州仍然确认其合宪性。1936 年，美国联邦最高法院在 Old Dearborn Distributing Co. v. Seagram – Distillers Corporation[①] 案中首次就州法规定转售价格维持的问题表态，认为非签约者条款并未否定正当程序及法律的平等保护。该判决认为，零售商并无必须购买的义务，其既然愿意购买该商标品，就应该受该条款的约束。可以说，该判决对非签约者条款之合宪性的确认，对转售价格维持合法化运动具有划时代的影响[②]。此后，美国各州纷纷制定相同内容的公平交易法，截至 1941 年，共有 41 个州制定了公平交易法，最鼎盛时期有 46 个州有公平交易法，其内容几乎完全相同，主要有三个方面：

第一，具备一定条件的商品实施转售价格维持，不违反反托拉斯法；

第二，知悉转售价格维持契约所定的价格仍然违反者，不论其是否为契约的当事人，该违反价格的行为即是不公平竞争，行为人对受到损害者负有赔偿责任；

第三，零售商或制造商为实施转售价格维持所订立的横向协议，不是违法协议。

在这样的风潮下，当时美国各州内的转售价格维持行为是合法行为，但是仅限于一州之内，各州之间转售价格维持行为仍属违法。

在联邦法层面，受中小零售商开展的声势浩大的转售价格维持合法化运动的影响，联邦议会在 1937 年通过了《米勒·泰丁斯法》，修正《谢尔曼法》及限制联邦贸易委员会法的适用，使州际贸易中的转售价格维持合法[③]。《米勒·泰丁斯法》是对《谢尔曼法》第一条的修正案，其规定最低转售价格维持协议不违反反托拉斯法或联邦贸易委员会法，如果：该转售价格维持协议所涉及的商品为商标品；存在其他类似商品与之进行竞争；销售该商品的州规定转售价格维持协议合法。可以说，《米勒·泰丁斯法》实质上是对州法的确认。

这一时期的美国立法对转售价格维持的态度深受政治因素的影响，转售价格维持的合法化是美国中小零售商政治运动的成果。《米勒·泰丁斯法》在确认存在类似商品或品牌间竞争的情况下，将同一品牌的相同价格视为公平竞争的基础，其目的是保护在竞争中处于弱势地位的中小零售商，使其免受大型零售商的冲击。这是典型的保护竞争者而不是保护竞争的做法。

---

① Old Dearborn Distributing Co. v. Seagram – Distillers Corporation.，299U. S. 183（1936）.

② 王铭勇．限制转售价格法制之研究［D］．台北：台湾政治大学，2001：40.

③ 同②：41.

4.1.4 转售价格维持在联邦法层面违法：侧重对消费者利益的保护

美国国会1952年通过了《麦奎尔法案》，修正《联邦贸易委员会法》第五条的规定，使州际转售价格维持行为可适用非签约者条款，转售价格维持成为合法行为。但是美国司法部及联邦贸易委员会均反对该法案①。同时消费者运动彼时风起云涌，消费者团体也反对该法案。20世纪70年代，随着大型连锁超市的发展，中小零售商的政治影响力逐渐衰退，农民及消费者团体开始强调转售价格维持的缺点，认为转售价格维持是物价高涨的原因。这使其无法获得社会大众的支持。于是1975年美国国会通过了《消费者商品定价法》，规定制造商限定零售商售于消费者的商品价格违法，废止了《米勒·泰丁斯法》和《麦奎尔法》。自此，转售价格维持在联邦法律层面上被否定，州际贸易中的转售价格维持被认定违法，司法实践中开始适用本身违法原则规制转售价格维持。此时对转售价格维持规制的价值取向转向消费者利益。

4.1.5 转售价格维持的合理分析阶段：效率价值取向

20世纪80年代，里根政府对待托拉斯的态度相对宽松，对转售价格维持的态度也趋于缓和，美国司法部和联邦贸易委员会均对转售价格维持表示容忍。其原因不再是为了保护中小零售商或者消费者的利益，而是受芝加哥学派的理论影响，认为反托拉斯法的唯一目的是促进经济效率，认为转售价格维持可以防止搭便车、促进品牌间竞争从而促进效率提升，对转售价格维持不应加以规制。20世纪90年代，美国司法部与联邦贸易委员会均允许单边政策型的转售价格维持②。联邦政府的态度影响了司法判决，美国联邦最高法院关于转售价格维持的规制变得相对宽松。

（1）孟山都案：对“共谋”的限制性解释

在此期间，美国联邦最高法院比较有影响力的一个案件是孟山都案。孟山都公司（Monsanto Co.）是除草剂、农药等化学产品的制造商，其在1968年10月与批发商订立了一年期的专属契约，明确只有符合以下三个条件时，该专属契约才可以续签，即：第一，对零售商的销售活动进行指导；第二，雇佣经过训练的业务员；第三，在指定区域开拓市场。Spray - Rite Service Corp.

---

① 王铭勇．限制转售价格法制之研究［D］．台北：台湾政治大学，2001：41.

② 同①：48 - 55.

是孟山都公司的签约批发商，但其所销售商品的价格远低于孟山都公司指定的价格，其他批发商就向孟山都公司抱怨，孟山都公司遂拒绝同 Spray - Rite Service Corp. 续签合同，这意味着 Spray - Rite Service Corp. 同孟山都公司不再有买卖合同关系，孟山都公司不再向其供应商品。于是，Spray - Rite Service Corp. 提出主张，称孟山都公司与其他批发商共谋商品的转售价格，该行为导致公司利益受损，且此共谋行为违反《谢尔曼法》第一条的规定，请求法院判决被告孟山都公司承担损害赔偿责任。孟山都公司抗辩否认共谋，并指出其之所以终止与 Spray - Rite Service Corp. 的交易关系是因为该公司未按照协议约定雇佣经过训练的业务员并且也没有对零售商的销售活动进行充分指导。

美国联邦最高法院认为，在该案中，对原被告终止交易的原因，首先，应该做一个区分，需要弄清楚终止交易是制造商的单独行为，还是制造商与其他批发商的共谋行为，《谢尔曼法》所禁止的是共谋行为；其次，制造商与其他批发商有共同行为时，还应区分是关于价格的共同行为还是非价格的共同行为，前者以当然违法原则处理，后者以合理原则处理；最后，在证明转售价格维持行为是否存在问题上，认为仅有其他批发商向孟山都公司抱怨及表达不满等事实不足以证明转售价格维持行为的存在，必须有证据证明制造商与其他批发商合谋对不遵守价格的批发商终止交易①。

孟山都案的判决集中在对共谋行为的证明上，其基本的逻辑是，若有证据证明存在共谋，则行为违法，若仅是制造商单方行为就不违法。所谓共谋，是指行为人通过事先的共通计划有意识地参与某项活动。而共谋之外的第三方要提供证明共谋存在的证据是非常困难的。孟山都案的原告仅能证明其他批发商向制造商抱怨之后，自己被停止交易，却不能证明制造商与其他批发商在共同有意识地进行转售价格维持行为。孟山都案之后，很多下级法院依此判决之见解，提高证明转售价格维持协议或共谋存在的标准，导致出现了因不能证明共谋而不经事实审理之简易判决②。

此案的判决既没有重审转售价格维持适用本身违法原则的传统，也没有表明“共谋”的证明标准，但是其强调原告需举证证明被告与其他批发商存在共谋维持转售价格的证据，使原告事实上很难举证，也就使转售价格维持行为的规制又出现了“高露洁原则”的回归。

---

① Monsanto Co. V. Spray - Rite Service Corp.，465 U. S. 1469 (1984).

② 王铭勇．限制转售价格法制之研究［D］．台北：台湾政治大学，2001：45 - 46.

(2) 夏普案：非强制性价格建议合法

另一个值得注意的判决是美国联邦最高法院在1988年就夏普案所做的判决。该案被告夏普电子公司（Sharp Electronics Co.）是电子计算机的制造商，原告商业电子公司（Business Electronics Co.）本来是夏普公司在休斯敦地区的唯一零售商，后来夏普公司又指定Hartwell为该地区的第二家零售商并且与其共同制定了建议价目录，但是Hartwell公司并没有遵守该建议价目录的义务。原告商业电子公司以低于建议价目录的价格出售产品，Hartwell公司就向夏普公司抱怨，声称商业电子公司降价销售行为利用了Hartwell公司在促销活动及教育服务方面的投资，故要求夏普公司停止与商业电子公司的交易关系。夏普公司就应Hartwell公司的要求，停止向商业电子公司供货。商业电子公司遂起诉，主张夏普公司与Hartwell公司达成共谋，该共谋违反了《谢尔曼法》第一条的规定，请求损害赔偿。

美国联邦最高法院认为纵向价格限制行为应依1911年的迈克尔制药公司案的判决适用"本身违法原则"，而对纵向非价格限制行为，依1977年Syvania案的判决不应适用"当然违法原则"。就本案的情况，关于非价格限制协议或价格限制协议是否存在，应首先进行分析。本案被告与第二家零售商之间虽然有价格目录协议，但不具有强制性，所以两者之间的协议属于垂直分割市场协议，应参酌其经济效果，适用"合理原则"①。但斯蒂芬法官（Justice Stevens）持反对意见，认为如果一个以上的零售商因为其他零售商的降价而要求制造商停止与降价零售商的交易，就构成了水平限制，应适用"当然违法原则"②。

本案判决的意义在于其确认了纵向限制交易协议若不包含"降价就停止交易"之类的强制性价格限制就不适用当然违法原则，而在此判决之前，一些下级法院将所有包含价格的协议均解释为当然违法。此判决表明，美国联邦最高法院相当限制转售价格维持适用当然违法原则的范围。

孟山都案与夏普案使原告获得转售价格维持案件的胜诉判决变得非常困难。与联邦最高法院的态度相似，里根政府对转售价格维持行为不仅不起诉，反而以支持被告的立场介入私人诉讼；联邦贸易委员会于1985年制定的《纵向限制交易指南》认为几乎所有的纵向非价格限制均合法。这些实务部门的做法遭到了议会的强烈批评，议会认为有必要以立法的方式解决该问题，并且参

①② Business Electronic Co. v. Sharp Electronic Co.，485 U.S. 108 S. Ct. 1515（1988）.

议院和众议院都曾提出议案，试图以专门立法的形式禁止纵向价格限制或固定行为，但均未成功[①]。

（3）Leegin 案[②]：效率价值取向的正式确立

Leegin 案被认为是转售价格维持领域里一个具有里程碑意义的案件。该案正式推翻了对转售价格维持适用了一百多年的本身违法原则。该案被告 Leegin Creative Leather Products，Inc.（以下简称 Leegin）是 Brighton 品牌的设计者、生产商和制造商，专门生产女性时尚饰品。该公司在超过 5 000 个零售店出售其产品，大部分零售店都是“独立的、小型精品店和专卖店”。1997 年，Leegin 和零售商签订了转售价格维持协议，确定了 Brighton 的零售价和提升政策。此后，Leegin 拒绝向打折销售 Brighton 品牌的零售商供货。Leegin 向零售商发出了一份声明，即由于一些店的打折行为使消费者对产品质量产生了困惑，于是不再向打折销售的专卖店供货。原告 PSKS，Inc.（以下简称 PSKS）是 Leegin 的零售商之一，也是 Leegin 核心商店计划的响应者，经营着名为 Kay's Kloset 的店铺，该店铺是核心商店之一。从 1995 年开始，Kay's Kloset 开始从 Leegin 处购买 Brighton 产品。为提升品牌形象，Kay's Kloset 不仅投放广告对产品进行宣传，还管理着其位于波士顿的商店营运，包括店铺升级及优化顾客服务这些 Leegin 希望通过价格政策激励的服务。Brighton 是 Kay's Kloset 主要的销售品牌，曾经占到了 Kay's Kloset 利润的 40%～55%。2002 年 12 月，Leegin 公司发现 Kay's Kloset 将 Brighton 品牌的商品全线八折销售，即要求其停止打折销售。Kay's Kloset 辩称其打折销售是必要的竞争，因为临近的零售商都在以低于 Leegin 的建议价销售。在 Kay's Kloset 拒绝停止打折销售 Brighton 品牌的产品后，Leegin 拒绝同 Kay's Kloset 交易。这对 Kay's Kloset 有较大的影响。随后，PSKS 在德克萨斯州东区地方法院起诉 Leegin，称“Leegin 违反了反托拉斯法，与零售商协定固定价格的协议”。

诉讼中，Leegin 引用证据和专家证言证明其在波士顿的转售价格维持促进了竞争，但是地方法院遵循 Dr. Miles 案确立的本身违法原则，排除了其证明。陪审团被 PSKS 的主张说服，认为 Leegin 和零售商固定了价格，法庭最后判决 Leegin 向 PSKS 三倍赔偿，即 390 万美元。在美国联邦第五巡回上诉法院，Leegin 辩称应适用合理原则，而不是 Dr. Miles 案的本身违法原则审理

---

① 王铭勇．限制转售价格法制之研究［D］．台北：台湾政治大学，2001：47－48．

② Leegin Creative Leather Products，Inc. v. PSKS，Inc.，551 U. S. 877（2007）．

PSKS和Leegin之间的纠纷。上诉法院仍然适用了Dr. Miles案的本身违法原则，但是联邦最高法院签发了再审令以决定是否对转售价格维持继续适用本身违法原则①。

联邦最高法院发现，Leegin推行这项政策的目的有两个：①允许零售商获得较高的利润以补偿其对顾客提供的优质服务的成本；②阻止Brighton品牌形象低端化。另外，Leegin提出，这一价格政策属于核心商店计划的一部分，目的是激励零售商塑造核心商店形象，包括遵守Leegin制定的建议价。

Leegin称，在它的商业经验中，“小零售商对待顾客、提供给顾客的服务、顾客的购物体验方面都比大的零售商表现得更出色”。Leegin的总裁Jerry Kohl指出：“我们希望顾客获得比在普通商店或沃尔玛不同的购物体验。”

联邦最高法院开始审视《谢尔曼法》第一条适用合理原则的合理性。《谢尔曼法》第一条指出“任何形式的契约、联合或者其他形式共谋，限制州际贸易或商业的，都是违法”。法庭曾反复强调《谢尔曼法》第一条仅将那些不合理的限制认定为非法，认为有必要衡量纵向转售价格维持协议的经济效果，以决定是否对其适用本身违法原则。法庭指出，经济学著作充满了生产商利用转售价格维持促进竞争的论证。这些理论认为转售价格维持提升了品牌间竞争，这才是反垄断法最基本的目的。首先，最低转售价格维持促进了品牌间竞争。当一个生产商采用纵向价格限制从而减少品牌内竞争时，会激励零售商提升有形或无形服务，从而提升生产商相对于竞争对手的优势。法庭指出，转售价格维持给予消费者在“低价格、低水平服务品牌，高价格、高水平服务品牌及介于两者之间的品牌等”方面更多的选择。如果生产商没有能力实施纵向价格限制，零售商可能因为存在搭便车的可能，缺乏动力对服务进行投资以提升品牌内竞争。例如，打折零售商可能会从其他提供额外服务的零售商处搭便车。零售服务，比如品质展示空间、产品演示，或者知识丰富的雇员对消费者的讲解，都能提升消费者的需求。如果没有转售价格维持，消费者在提供服务的零售商处接受服务，然后从打折零售商处进行购买，“高品质服务的零售商失去了交易机会，未提供高品质服务的打折零售商得到了交易机会，这会促使零售商的服务恢复到打折零售商的水平”。法庭认为转售价格维持有效避免了搭便

① DANIELS J S. Don't Discount Resale Price Maintenance：The Need for FTC Guidance on the Rule of Reason for RPM Agreements [J]. The George Washington Law Review，2016（2）：182－217，192.

车现象的发生，使零售商之间展开服务层面的竞争而非局限于价格竞争。

法庭还认为最低转售价格维持能够促进新公司或新产品进入市场，从而增强品牌间竞争①。比如，新的生产商利用转售价格维持减少零售商之间的竞争，激励零售商对并不知名的产品投入资本与人力进行分销。转售价格维持对于新进入者来说是非常重要的手段，有显著的促进竞争的效果。即使不存在搭便车的问题，转售价格维持也能促进品牌间的竞争，因为其可以使生产商和零售商之间有关服务的合同条款的订立及执行变得容易，从而使生产商能够提升品牌形象。给予零售商一定的利润并且当其不能有效地扩大生产商的市场份额时以终止合同相威胁，能够激励零售商对合同的履行，促使其提供有效的服务。转售价格维持也能够通过给予零售商一定利润的方式，降低低价销售带给零售商的风险，从而鼓励其增加库存。

对于 PSKS 所辩称的转售价格维持总是导致高价格，法庭指出：生产商协商一致所做出的许多决策都可能引发高价格。比如，生产商为提高产品质量，会与不同的供应商签订合同以获得较好的原料。或者，生产商会通过广告代理商提升产品的知名度。但是没有任何一个人因为这些行为导致了高价格而认为生产商的这些行为违反了《谢尔曼法》。反垄断法并不是要求生产商制造消费者不知道或者不想要的一般产品。生产商之所以致力于提高产品质量或者提升品牌知名度，是因为其确信这样做能增加产品需求，尽管这样可能导致高价格。同样的道理也适用于转售价格维持②。

法庭承认转售价格维持有一定的经济学危险，应采用合理原则对其进行规制。在此过程中，需要清晰认识到该原则在减少转售价格维持对市场竞争的损害方面的作用。同时，法庭也给出了未来在合理原则下规制转售价格维持的一般指引③。首先，在相关产业采用转售价格维持的生产商数量是重要的考虑因素。一方面，如果相关产业只有少数生产商（几乎不具有市场力量）采用转售价格维持，那么生产商利用转售价格维持结成卡特尔的可能性会大大降低。另一方面，当在一个充分竞争的市场中，仅有一个生产商采用转售价格维持时，零售商卡特尔也是不可能形成的。最低转售价格维持的违法情形应限于其被用来作为生产商卡特尔的监督作弊的工具时，因为在这种情况下，若某特定产业广泛采用转售价格维持，意味着消费者被剥夺了在高服务和低价格之间进行选

①③ Leegin Creative Leather Products，Inc. v. PSKS，Inc.，551 U. S. 877（2007）：897.

② Leegin Creative Leather Products，Inc. v. PSKS，Inc.，551 U. S. 877（2007）：896－897.

择的权利。

其次，在合理原则下另一个需要考虑的因素是转售价格维持协议的来源，其究竟是零售商提出的还是生产商提出的。大多数法官认为，当零售商主导纵向价格限制时，转售价格维持更有可能被用来促成零售商之间的卡特尔，或者帮助占据支配地位的却低效率的零售商维持其市场地位。当生产商主导采用转售价格维持具有促进竞争的目的时，比如在 Leegin 案中，转售价格维持很难被认定为是阻碍竞争的行为，此种情况下，应没有疑问。

最后，法庭指出，如果利用转售价格维持的生产商或零售商不具有市场地位，纵向价格限制所带来的反竞争的风险并不需要过度关切。尤其是，如果一个零售商缺乏市场地位，生产商会倾向于通过它的竞争对手来销售商品；如果一个生产商缺乏市场地位，那么其几乎没有可能通过转售价格维持将竞争对手排挤出销售渠道①。由此可见，问题已经很明确了，当法庭适用合理原则时，一个首要考虑的因素是被控方是否具有充分的市场地位以致能对市场竞争产生影响。

从以上分析可知，Leegin 案中法庭利用了前述与转售价格维持有关的经济学理论成果，包括防止搭便车理论、质量证明理论、生产商与零售商共谋理论，认为转售价格维持具有促进品牌间竞争的作用，提升了经济效率。

Leegin 案给出了评估转售价格维持在相关市场产生反竞争效果的三个考虑因素：①转售价格维持在相关市场的覆盖率或使用范围。覆盖率越高，则生产商结成卡特尔的可能性越大，反之，则越低。②转售价格维持的主导方。当生产商主导时，往往意味着效率；当零售商主导时，则意味着零售商卡特尔或零售商的低效率。③零售商和生产商在相关市场的市场力量对比。当生产商拥有市场力量时，才有可能利用转售价格维持将竞争对手排挤出销售渠道；反之，则对竞争无害。但是该案仍然有相当多的问题没有回答。比如，是要求原告证明反竞争的效果，还是要求被告证明促进竞争的效果？

4.1.6 Leegin 案之后美国对待转售价格维持的最新发展

Leegin 案之后，美国联邦司法层面对待转售价格维持的态度从本身违法原则转向合理原则。但联邦反托拉斯法并不能取代州立法。联邦反托拉斯法给出了法律的基线，州立法有权创制更严格的反托拉斯法，并且一些州明确通过

① Leegin Creative Leather Products，Inc. v. PSKS，Inc.，551 U. S. 877（2007）：897.

立法禁止转售价格维持。用一位学者的话来说，“如果主要的州，比如纽约州、加利福尼亚州、得克萨斯州、佛罗里达州坚持对转售价格维持适用迈克尔案的本身违法原则，那么 Leegin 案的影响将很有限，因为全国性的制造商将不能全面使用转售价格维持”。①

目前，因为州立法的不同，转售价格维持可能在全美范围内受到不同的待遇。商业主体必须不断审视他们的转售价格维持政策、内容、管理措施和培训，以确保不与复杂的各州法律发生冲突。有两个州在 Leegin 案之后通过了决定，完全反对 Leegin 案的立场。2009 年 4 月，马里兰州通过立法明确反对 Leegin 案判决，对最低转售价格维持适用本身违法原则。马里兰州法律明确规定“通过契约、联合或者共谋，要求零售商、批发商或零售商不能低于某一价格销售商品或者服务的，是不合理限制贸易或商业的做法”。因此，转售价格维持要被禁止。堪萨斯州是第二个表示不适用 Leegin 案的合理原则的州。堪萨斯州最高法院通过判例明确对转售价格维持适用本身违法原则。堪萨斯州的这一做法采用了联邦和谐法则，特别指出最低转售价格维持如果在特定的案件中被证明具有合理性并且不损害公共福利，那么可以不被禁止。宾夕法尼亚州是唯一没有反托拉斯法的州，该州的两次立法议案都提出“禁止与零售商、批发商或者零售商通过任何契约、联合或者共谋建立商品或者服务的最低价的行为”。②

由于各州分别针对转售价格维持进行立法，就出现了这样的情况：部分州允许最低转售价格维持，而另一些州继续以本身违法原则处理转售价格维持问题。如此一来，经济学家将可以对积极或消极对待转售价格维持的结果进行比较。但是，这会使商业主体缺乏统一的指引。因此，比较可行的做法是在联邦法层面确立明确的规则，然后由各州在这一基础之上制定各自的反垄断法。

美国联邦贸易委员会的委员 Pamela Jones Harbour 在向美国联邦最高法院提交的公开信中批评了 Leegin 案的决定，并且证明国会之前是赞成对转售价格维持适用本身违法原则的。Harbour 称其详细查阅了实证资料，国会在 1975 年废除了公平贸易豁免法案以及转售价格维持反垄断例外，这具有充分的说服力。她指出“Leegin 案的判决与立法史不一致，该案的结果与国会的

---

① DANIELS J S. Don't Discount Resale Price Maintenance: The Need for FTC Guidance on the Rule of Reason for RPM Agreements [J]. The George Washington Law Review, 2016 (2): 182-217, 200.

② 同①：182-217，201.

意图相背离”，国会“从未在联邦法层面采纳或者赞同转售价格维持”[1]。

2010年，美国国内苹果电子书案，使Leegin案的裁决被再一次审视。eBay和亚马逊等企业要求美国国会否决Leegin案的裁决。美国众议院正考虑出台一项议案，废除Leegin案的裁决。2009年10月，美国各州共计41名检察长致信众议院司法委员会，认为该案裁决导致了商品价格上涨。

4.2 欧盟

欧洲国家成立欧盟的目的就是建立统一的市场，消除成员国之间的贸易障碍，使所有资源在成员国之间可以自由流动，不受国家边界的阻碍。取消关税和配额之类的限制是达到这一目的的必要手段，但是，如果卡特尔组织封锁国内市场，其他国家的企业也很难进入。为此，欧盟成立基础性条约——《罗马条约》的首要目标是促进欧洲经济一体化。《欧盟竞争法》是《罗马条约》的核心，因此《欧盟竞争法》的价值取向与《罗马条约》趋同，有害于市场一体化融合的行为都会被视为违法[2]。1957年的《罗马条约》第85条、86条是有关限制竞争协议和行为的规定。依据1999年5月1日生效的《阿姆斯特丹条约》第12条的规定，《罗马条约》第85条、第86条的规定，依次改为第81条、第82条，条文内容没有变化。自2009年12月1日起，《罗马条约》第81条、第82条依次成为《欧盟运行条约》第101条、第102条，条款内容无实质性变化。

《罗马条约》第81条（原85条）第1款规定[3]：

“下列事项因与共同市场不相容而被禁止：企业之间的一切协议、团体所做出的决定和协同一致的经营行为，可能影响成员国之间的贸易并且具有阻止、限制或扭曲共同市场内的竞争的目的或效果的；特别禁止下列事项：

（1）直接或间接地固定购买或者销售价格或者其他任何交易条件的；

……”

第2款：

---

① DANIELS J S. Don't Discount Resale Price Maintenance：The Need for FTC Guidance on the Rule of Reason for RPM Agreements [J]. The George Washington Law Review，2016（2）：201.

② 叶卫平．反垄断法的价值构造 [J]. 中国法学，2012（3）：140.

③ 《各国反垄断法汇编》编选组．各国反垄断法汇编 [M]. 北京：人民法院出版社，2001：693-694.

“第 1 款所禁止之任何协议或决定应属自动无效。”

第 3 款：

“第 1 款的规定不适用于下列情形：

——企业之间的任何协议或者任何类型的协议，

——企业团体所做的任何决定和任何类型的决定，

——任何协同一致的经营行为或者任何类型的协同一致的经营行为，

有助于改进生产或者分销产品，或者促进技术或者经济进步，同时使消费者获得相当程度的实惠；并且，

1）有关企业所受到的限制对于达到上述目标是不可缺少的；

2）在所涉及产品的相当范围的领域内，有关企业没有可能排除竞争的。”

依据《罗马条约》第 81 条第 1 款的规定，禁止限制竞争协议的重要条件是“可能影响成员国之间的贸易并且具有阻止、限制或扭曲共同市场内的竞争的目的或效果”。具体影响到什么程度，欧洲法院认为须达到“可觉察”的程度，但欧洲法院并未就“可觉察的影响”进行明确界定。

《罗马条约》第 81 条第 3 款是有关限制竞争协议豁免的规定。协议或联合行为虽符合第 81 条第 1 款的要件，但如有助于改进商品之生产或分配或促进经济或技术之进步，并能使消费者分享由此而产生的利益，并且该行为是为达到前述目标所不可或缺的或在所涉产品的相当范围的领域内，有关企业不可能排除竞争的，则可以获得豁免。是否能够豁免，应经欧盟执行委员会决定。未经欧盟委员会批准，任何主体不能排除第 81 条第 1 款的适用。欧盟的豁免分为个别豁免与集体豁免。个别豁免的效力仅及于个案，集体豁免由欧盟委员会根据授权制定相关规则，就某一特定类型的联合行为给予豁免。

目前，与转售价格维持有关的集体豁免条例是欧盟《纵向协议集体豁免条例》①，转售价格限制是该条例明确禁止的核心限制之一②。《纵向协议集体豁免条例》第 4 条规定：

“不适用集体豁免待遇的核心限制：

本条例第 2 条规定的豁免不适用于直接或间接地、单独或与各方控制下的其他因素相结合而具有下列目的的纵向协议：

（a）限制购买商决定销售价的能力，但供应商可以规定最高销售价或建议

① 欧盟委员会（EU）第 330/2010 号条例，2010 年 4 月 20 日。

② 《纵向协议集体豁免条例》第 4 条 a 款。

销售价，只要最高销售价或建议销售价不因来自任何当事方的压力或激励而成为固定或最低销售价格。”

……但是现行《欧委会纵向限制指南》对《纵向协议集体豁免条例》第4条（a）款完全否定纵向核心限制的态度做出了重要调整，宣布“在个案中，当事人可以提出效率抗辩，以具体证据证明，一项协议由于含有纵向核心限制而带来或可能带来的效率大于该协议对竞争的负面影响”，并举例说明了固定转售价格或限定最低转售价格可能被认定不违反欧盟竞争法的情形①。如《欧委会纵向限制指南》第225段：“然而，尽管转售价格维持能够限制竞争，但转售价格维持也能够产生效率，特别是当供应商设置转售价格维持时……最为明显的情形是，当生产商引入新产品，转售价格维持有助于在产品推广期扩大对产品的需求，因而诱导分销商更多考虑制造商的利益而努力推销产品。转售价格维持促使分销商努力增加销售，如果分销商面临竞争压力，将使其努力扩大对产品的需求而促成产品的成功投放，这将有利于消费者……”② 这些列举的情形一方面考虑了经济学中有关转售价格维持所带来的效率效应，另一方面需要评估对消费者利益的影响。

欧盟对转售价格维持行为的态度，在1971年欧盟执委会关于竞争政策的首次报告（First Report on Competition Policy）中有较清晰的轮廓。该报告对转售价格维持行为并未进行类型界分，在其第55项指出，单纯在成员国境内实施的转售价格维持行为，因会员国之间的贸易未受影响，故不违反《罗马条约》第85条（现行《欧盟运行条约》第101条）的规定。但该报告认为应使消费者在整个欧盟区享有以最有利价格获得商品供给的自由，若会员国国内的转售价格维持行为所限定的转售价格水准，妨碍商品进口的，则仍属于第85条第1款所禁止的行为。因为这种转售价格维持行为，已经产生了禁止出口、再出口或者再进口以及维持在会员国国内价格水准的效果。

从以上可以看出，《欧盟竞争法》对转售价格维持规制的价值取向是一体化市场内的竞争自由，同时非常重视对消费者利益的保护。Leegin案之后，《欧盟竞争法》受到一定的影响，在价值取向上有一定的效率转向，并且其评价效率的很重要的标准，仍是消费者是否受益。在新产品投入市场初期，转售价格维持所具有的积极意义得到了《欧盟竞争法》的明确认定。

---

① 《欧委会纵向限制指南》第47段、60～64段、223段、225段。

② 苏华．分销行为的反垄断规制［M］．北京：法律出版社，2012：315.

4.3 德国

在第一次世界大战前，德国[①]的转售价格维持契约仅约束契约当事人。但是在判例上认为，依据《德国民法典》第823条及1906年修正的《不正当竞争防止法》第一条的扩张解释，违反契约所定价格而乱卖的行为，不仅违反契约而且有害“良俗”，因此，因该行为而受到损害的人，不论何人均可以请求损害赔偿。判例认为，“以契约以下的价格出售本身并不是不公平竞争，在很多情形，此种低价出售伴随着不公平竞争之其他行为，所以是不公平竞争”，这种行为会“使消费者误认为其他竞争者以超出限度高价出售印象，故商标品以低价出售本身即是不公平竞争”。简而言之，在第一次世界大战之前的德国，违反转售价格维持契约不仅是违反契约的行为，而且是违反“良俗”的不公平竞争行为，受到影响的契约当事人及第三人都可以请求损害赔偿。

在第一次世界大战后，转售价格维持继续保持合法性状态，并且变成了国家防止物价上涨的重要手段。

在第二次世界大战之后，情况发生了变化。在当时的美国国内，哈佛学派的“结构—行为—绩效”分析范式占了上风，该学派认为市场结构影响市场行为，市场行为决定市场绩效，集中度较高的市场会产生较高的市场进入壁垒，也容易使市场份额较高的主体采取限制竞争的措施，从而对市场整体产生不利影响。相对而言，分散的市场结构更有利于竞争。因此，反垄断法的主要任务就是打破垄断，防止过高的市场集中度[②]。受这种理论的影响，美国不仅更重视对国内市场结构的调控，而且对德国、日本等战败国也推行有关的立法，以打破集中度过高的产业格局。盟军部队在德国强行实施反托拉斯法，与德国军国主义有关的钢铁、化学、煤炭产业甚至银行业都遭解体或改组，那些可能导致经济力量过度集中的卡特尔更是遭到了严厉禁止。因转售价格维持被认为有利于生产商或零售商卡特尔，于是德国废除了全部价格协议，转售价格维持的合法性不复存在。但是在商业实践中，制造商仍然可以在商品上标示标准价格，并鼓励零售商遵守该价格。这是一种类似于建议价的价格，不具有强制

① 有关德国法中转售价格维持规范演变的详细内容，参见王铭勇．限制转售价格法制之研究[D]．台北：台湾政治大学，2001：78－86.

② 折喜芳．论我国反垄断法的价值目标[J]．河北法学，2006（4）：52.

性。零售商可以遵守也可以不遵守。虽然不具有强制性，但因当时的客观经济形势所需，零售商还都以该标示价格进行销售，所以这种价格仍然具有转售价格维持的功能。直到1957年《反限制竞争法》颁布后，转售价格维持才受到严厉的规制。

4.3.1 1957年《反限制竞争法》：竞争自由与契约自由的衡量

《反限制竞争法》的立法工作从1949年德意志联邦共和国（西德）成立时开始，中间经过多次讨论协商，包括与占领军的讨论与协商，于1952年确立了最终的草案，该草案确立了与转售价格维持有关的基本规范。该草案第一章第二节“其他契约”规定，垂直价格约束契约无效（第10条）、商标品及出版物可以使用垂直价格约束（第11条）、不得滥用合法的垂直价格约束（第12条）。

其立法理由①认为，买卖契约是以商品交换金钱的契约，故其内容应包含对有关商品及其价格的限定，以及关于转售与支付决定的相关事项。但是在很多情况下，因定型化契约中含有特别的约定，买受人就该商品再转售时，必须遵守一定的价格附随义务，即垂直价格限制。这种对买受人的限制，比如制造商对购入商品的批发商的限制，再扩张至买受人对其顾客的限制，即为转售价格维持。转售价格维持契约是对交易自由的彻底限制，依契约自由原则固然应该准许，但这种自由是否为实质意义上的契约自由，从保护经济上的弱势群体这一角度出发，又或从竞争自由的角度来看，是否有必要对该契约加以限制，是需要考量的问题。该立法理由还认为实质自由的契约内容，应优先于契约自由的形式意义。即当事人一方拥有独占或决定性的经济优势地位时，如制造商拥有品牌商品、专利权人有工业财产权等，其缔结契约完全依其意志决定，法律不能强制其缔约。但是，如果缔结契约的当事人一方滥用独占力侵害契约相对人的自由决定，操纵相对人在交易上的决定自由，无视交易相对人的自由竞争利益，由此而形成的契约关系，法律认为其是变质的契约自由，应加以阻止。

1957年颁布的《反限制竞争法》体现了上述草案的精神与内容。依该法第15条的规定，转售价格维持原则上无效。依该法第38条第1款第1项的规定，故意违反者处罚款10万德国马克。但依该法第16条的规定，与同种商品存在价格竞争的商标品、出版物可以实施转售价格维持，同时商标品实施转售

① 王铭勇．限制转售价格法制之研究 [D]．台北：台湾政治大学，2001：80－81.

价格维持须向联邦卡特尔署核备；另依该法第 17 条，卡特尔署如认为商标品或出版物的转售价格维持被滥用，或不符第 16 条第 1 项至第 3 项所规定的要件，或妨碍该商品价格上涨、降价，或限制生产、贩卖时，可以宣告该转售价格维持契约无效或禁止该契约在未来继续生效。这样的规定一直持续到 1999 年 1 月 1 日实施修正案，才改为禁止规范。

从德国《反限制竞争法》草案的立法理由可以看出，德国对转售价格维持进行规制，其预设的前提是生产商或供应商具有支配地位或具有相对优势，这种支配地位或相对优势使生产商或供应商成为相对的强者，交易相对人成为相对的弱者。强者的缔约自由与弱者的竞争自由是相互冲突的。《反限制竞争法》草案对契约自由与竞争自由进行衡量的结果是将竞争自由置于契约自由之上，保护交易相对人的竞争自由。

4.3.2 《反限制竞争法》1973 年修正案：对消费者利益的保护

德国《反限制竞争法》于 1957 年施行后，有关转售价格维持规范的运用非常灵活。但允许商标品实施转售价格维持所产生的负面效果也开始显现，主要表现在三个方面：

①限制商品的转售价格，阻碍了消费者购买价格下降商品的可能性。

②制造商为使零售商遵守其所限定的转售价格，需要使零售商获得一定的利润，如果该项利润偏高，则必然导致零售价格偏高，影响消费者利益。这种因利润过高引发的零售价格波动，还会衍生出其他市场问题：一方面，利润较高使零售商有盘算的余地，部分零售商为拓展业务或周转资金，可能暗中降价销售，从而使遵守转售价格维持约定的零售商处于不利竞争地位；另一方面，被限定的转售价格如使零售商不能获得较高利润，则由于利润固定，零售商也不愿意花费较多成本去改善服务品质或提高销售技巧。

③由于商品的价格是人为限定而非市场供需决定，价格不能反映真实的市场供求关系，可能会产生错误的投资导向。

基于以上影响，德国政府遂有意向修法以全面禁止转售价格维持，但受到商标品制造商团体的抵制，致使修法进程受阻，只是采用了对弊端较多的转售价格维持进行公开登记的制度，并允许有利害关系的人对有弊端的转售价格维持进行检举。这次修法于 1965 年 8 月完成。此后应消费者团体、劳工团体及学者等所召开的听证会的要求，德国政府在 1973 年再次对《反限制竞争法》进行修正，就转售价格维持规范进行了较大幅度的修改，废除了商标品部分准许转售价格维持的规范，并强化对商标品建议零售价的规制。其主要理由是促进对消费者利益的保护。因欧共体的经济整合，并且欧共体条约禁止转售价格维持行为，德国企业实施转售价格维持已经相当困难。

4.3.3 《反限制竞争法》1999 年修正案：竞争自由价值的回归

德国《反限制竞争法》于 1998 年 8 月由德国议会通过第六次修正案，于 1999 年 1 月生效并实施。此次修正的目的是调和德国法与欧盟法的差距，强化自由竞争原则，改进立法技术①。其中对转售价格维持的规制，保留出版物实施转售价格维持的例外，规定商标品可以使用无拘束力的建议价措施，并由原先的无效规范改为禁止性规范。原规定“企业间就本法适用范围内市场的商品或营业上的给付所订立的契约，如对契约当事人的一方限制其与第三人间有关供给商品或其他商品或营业上给付缔约时决定价格或交易条件的自由，则其契约无效”，属于无效规范；本次修订后对转售价格维持的规制规定在第 14 条，内容改为“企业间以本法适用的市场为范围，共同协商就商品或营业上的给付，限制其与第三人自由决定关于供给商品、其他商品或营业上给付的价格或交易条件的，该协议应予以禁止”，属禁止性规范。无效规范属于效力性规范，禁止性规范属于义务性规范，虽然行为的后果相同，但是对行为的规制力度明显不同。禁止性规范的执行更为严格。

4.3.4 《反限制竞争法》2005 年修正案：禁止限制竞争行为

2005 年德国《反限制竞争法》进行了第七次修订，此次修订使德国竞争法在很多方面发生了根本性变化，由于它强调全面与欧盟法的协调与对接，因此是一次比较彻底的“欧洲化”改革方案。② 本次修订后的第 1 条规定：“禁止以阻碍、限制或扭曲竞争为目的或产生阻碍、限制或扭曲竞争后果的企业间协议、企业联合组织的决议以及协同行为。”该条文对横向限制竞争行为与纵向限制竞争行为都适用。对转售价格维持行为的具体规制，则适用《罗马条约》第 81 条及 82 条的规定。根据前述有关欧盟法的分析，德国适用《罗马条约》规制转售价格维持行为，其价值取向上仍为促进竞争自由及保护消费者利益。

---

① 邵建东．德国新修订的《反限制竞争法》介评［J］．南京大学法律评论，2000，春季号：187.

② 王健．德国竞争法的欧洲化改革：《反限制竞争法》第 7 次修订述评［J］．时代法学，2006（12）：88.

4.4 日本

日本在第二次世界大战之前并无竞争法规范，除部分出版物之外，商业活动中转售价格维持的做法并不多见。日本《禁止私人垄断及确保公平交易法》是第二次世界大战以后在美国主导下的盟军占领政策的一部分，在内容上移植了美国反托拉斯法的规定。当时对如何规制转售价格维持行为并没有明确的思路，只是将转售价格维持视为是“共同行为”，类似美国法上的“协同行为”或“共谋行为”，即“纵向协议”或“纵向卡特尔”。1953 年，东京高等法院的判决否定了这种观点①，认为纵向限制行为不能适用有关卡特尔的规定，而只能适用有关“不公正交易方法”的规定。因为在日本现实经济关系中，制造商占优势地位。日本最典型的转售价格维持行为不是双方协商的行为，而是单方的强制性行为②。但当时与“不公正交易方法”有关的“一般指定”并没有将转售价格维持行为包含进去，所以在上述东京高等法院的判决出来之后的一段时期内转售价格维持行为是不受法律规制的③。

此后，在 20 世纪 60 年代曾出现过将转售价格维持行为认定为“不公正竞争方法”的判决。该判决在 1961 年由东京高等法院作出，判决认为：“《禁止私人垄断及确保公平交易法》之目的是促进公平且自由的竞争，促进事业者在经营活动中创新，确保一般消费者的利益，并促进国民经济的健康发展。在这样的立法意旨之下，无论是批发商与零售商之间的竞争价格，还是零售商与消费者之间的交易价格，都应由交易当事人自由交涉而形成合意。在交易过程中，批发商之间、零售商之间，因各自自由的创意方法、自主的商业活动而期待公平竞争。但是转售价格维持（包括再转售价格限制）却与此宗旨相反，其是阻害自由交易、自由竞争的行为，采取转售价格维持的事业者与不采取此行为的事业者相比，能获得不当利益，进而会损害事业者之间的竞争，是明显的与立法目的不符的行为。《禁止私人垄断及确保公平交易法》第 2 条第 7 款第（4）项之‘就相对人之事业活动附加不当拘束条件之交易’应是‘有阻害公平竞争之虞’，而且应解为该〈一般指定〉第 8 条之‘与相对人就其与受其供给

---

① 东京高等法院 1953.3.9 判决，判例时报第 2 号第 8 页，判例百选第 16 号案件。参见市川裕史．日本规制维持转售价格对中国的借鉴［D］．上海：华东政法学院，2007：29.

② 市川裕史．日本规制维持转售价格对中国的借鉴［D］．上海：华东政法学院，2007：20.

③ 同②：29－30.

物资者之交易附加拘束条件，而与相对人交易’。”日本最高法院在1965年7月10的判决中也对东京高等法院的这一观点予以认可。该判决认为：“如从促进公平竞争的观点出发，交易的对价及交易前的选择等，应由该交易当事人基于经济效率的考量，自由地个别决定，由当事人以外的人，就此事项附加约束，就是对‘交易’的拘束。”① 日本最高法院的判决明确了转售价格维持行为是“不公平交易行为”而不是“纵向卡特尔”。很快，适用“不公平交易方法”条款规制转售价格维持行为就成为普遍的做法。

“不公平交易方法”的原始规定来自美国法中的“不公平竞争方法”（unfair methods of competition），在1951年修改为“不公平交易方法”，之所以做这种修改，日本公平交易委员会给出的理由是：“日本产业结构两极分化，大企业对小企业滥用经济支配力的可能性在加强，为了取缔这类行为，有必要强化对不公平交易行为的规制。因此，扩充‘不公平竞争方法’的内容，直接规制有竞争关系的事业者之间的不公平竞争手段虽然有困难，但是可以规制影响公共竞争秩序的滥用经济支配力行为，同时也可以将滥用优势地位的行为列入规范对象，所以建议将‘不公平竞争方法’改为‘不公平交易方法’”②。

“不公平交易方法”的基本性质是《禁止私人垄断及确保公平交易法》第2条第9款明确指出的“有妨碍竞争之虞”的行为。无论是“不公平竞争方法”还是“不公平交易方法”，本质上都是“违反公共利益”的行为。关于“公共利益”的解释，学界及实务界有多种看法。多数人认为公共利益即自由竞争本身，只要存在对竞争的实质限制，则必然存在违反公共利益的情形。少数人认为在现代日本经济中，大企业与中小企业间、企业与消费者间处于支配者和从属者的不平等交易地位，反垄断法的目的是恢复从属者的对等交易权，所以能确保对等交易权恢复的行为，即合乎公共利益。也有少数人认为公共利益不单指自由竞争，也指广泛的国民经济利益，即国民经济的均衡发展。在昭和59年（1984年）的石油业价格卡特尔事件中，日本最高裁判所认为所谓违反公共利益，原则是指违反自由竞争的经济秩序，但是如比较自由竞争而维护的价值与因限制竞争而维护的价值之结果，后者较大时，此种竞争限制并不违反公共利益。至于因限制竞争而维护的价值究竟指什么，最高裁判所的判决并未言明，松下满雄认为应包括环境保护、公害防止、产品安全、善良风俗及经

---

① 王铭勇．限制转售价格法制之研究［D］．台北：台湾政治大学，2001：62－63.

② 同①：61.

营者自卫所能够采取的行为等[①]。

《禁止私人垄断及确保公平交易法》2009年修订后，有关转售价格维持的规制已经通过立法形式进行明确。该法第2条第9款对“不公平交易方法”的行为表现予以了规定[②]，其第（4）项规定：“无正当理由，对购买自身所供应商品的交易对方附加下述任何一项限制条件，并对该商品进行供应的行为：①对交易对方规定其销售该商品的销售价格并使其维持该价格，以及其他限制交易对方自由决定该商品的销售价格的行为；②规定购买交易对方所销售商品的事业者的该商品销售价格，并通过交易对方令该事业者维持该价格，以及其他通过交易对方限制该事业者自由决定该商品销售价格的行为。”其中第（6）项仍规定“除上述各项所列内容外，符合以下各项行为之一，可能对公平竞争带来妨碍的、由公平交易委员会指定：……④以不正当的限制对方事业活动的条件进行交易的……”第23条规定了转售价格维持的豁免[③]。第23条第1款规定：“本法规定不适用于生产或销售由公平交易委员会指定的且易于识别的质量相同商品的事业者，与该商品的销售对方事业者为确定、维持该商品的转售价格（指该对方事业者或购买该对方事业者销售的该商品进行转售的事业者销售该商品的价格，下同）而实施的正当行为。但是，当该行为不正当地损害一般消费者的利益或者销售该商品事业者的行为违背该商品事业者的意图时，则不在此限。”第23条2款规定：“除非符合下列各种情形，公平交易委员会不得进行前款规定的指定：①该商品属于一般消费者日常使用的范畴；②就该商品所处的市场环境存在自由竞争的状况。”第23条第4款规定：“发行著作物的事业者或者销售其发行的著作物的事业者，与销售该著作物的对方事业者旨在确定、维持该著作物的转售价格而实施的正当行为，与第1款相同。”上述规定使日本公平交易委员会可以对实施转售价格维持的商品进行指定。指定的要件就是一般消费者日常所使用的商品以及存在自由竞争的商品。1953—1959年，日本公平交易委员会曾陆续公告化妆品、染发剂、牙膏、家庭肥皂、医药品、杂酒、牛奶糖、照相机、有领衬衫等商品可以实施转售价格维持，但是在1960年以后未再指定任何商品。虽然容许部分产品实施转售价格维持，但是真正实施转售价格维持的制造商很少[④]。可以说，日本有关转售价格维持的法

① 赖源河．公平交易法新论［M］．北京：中国政法大学出版社、元照出版社，2002：21-23.

② 戴龙．日本反垄断法研究［M］．北京：中国政法大学出版社，2014：277-278.

③ 同②：305.

④ 王铭勇．限制转售价格法制之研究［D］．台北：台湾政治大学，2001：70.

律制度，采取的是原则禁止、例外准许的模式。例外准许的范围，以商品的种类进行划分，有指定商品和法定商品两类，目前因无指定商品，所以指定商品的规定已成一纸空文，而法定商品主要指出版物。

《关于流通、交易习惯的独占禁止法上的指针》（1991 年 7 月 11 日公布，简称《指针》）对何谓转售价格限制行为进行了扩张性的解释。依据该《指针》的规定，无论制造商采取何种人为手段，只要产生了使销售商按照制造商所规定的价格进行销售的实际效果，就视为制造商限制了转售价格，即使制造商并未采取显著的强制性手段。这些手段既包括停止交易、限制供货等典型的经济上的不利后果，也包括虽未停止交易或限制供货，但却提高供货价、减少供货量、削减折扣、限制新品的供给量等变相的经济上的不利后果，还包括虽没有实际行动但却包含有“通知或暗示”上述经济上的利益或不利的情形。如果制造商对遵守其价格限制的销售商给予利益，如提高折扣、降低供货价、提供更丰富的商品等经济上的利益，那么制造商的行为也构成转售价格限制。除此之外，即使制造商没有上述行为，但是却有系统的监督和制裁措施，如要求销售商提交销售价格的情况、对销售商的店铺进行价格监督或查阅账簿等行为，也视为转售价格限制。此外，通过商品编码对不同销售商的商品进行区分并追踪商品的流向、制造商收购被贱卖的商品或要求销售商收购被贱卖的商品的行为都属于转售价格限制行为①。到 20 世纪 90 年代中期，随着大规模销售商，如大型连锁超市、大型连锁家电零售商的出现，大型销售商与制造商的力量对比发生了变化，实务中又出现了以“纵向卡特尔”进行操作的案例②。

总体上，日本最初对转售价格维持行为的规制措施主要是针对制造商利用其优势地位的情形而设定的，日本发生的转售价格维持案例也以制造商限制零售商的交易自由为典型。所以日本对转售价格维持的规制就价值取向而言是保护零售商的竞争自由。

4.5 代表性国家和地区转售价格维持法律规制的启示

考察美国有关转售价格维持的代表性判例以及欧盟、德国和日本的有关立法，可以发现美国对转售价格维持的规制有较大的波动性，其在第二次世界大

① 市川裕史．日本规制维持转售价格对中国的借鉴［D］．上海：华东政法学院，2007：33－34．
② 同①：32．

战后对待转售价格维持的态度直接影响了以德国和日本为代表的大陆法系国家和地区对该行为的立法，但德国和日本都结合本国国情规定了一定的除外适用的产品，并且在反垄断法的实施过程中通过判例或修法的方式不断地明确对该行为进行规制的意旨，从而使大陆法系国家和地区呈现出较为一致的同时又不同于美国法的特征。

4.5.1 对转售价格维持的规制应首先明确其价值取向

考察构成了美国反垄断法基础的《谢尔曼法》的内容，结合它产生的时代和经济背景以及依据该法而做出的判决或决定，可以发现，美国反垄断法的价值目标随着时代的发展和经济形势的变化在不断地进行调整①，美国对转售价格维持是否合法的问题也在不断地进行调整。①19 世纪末至 20 世纪 30 年代，反垄断法所追求的目标主要是保护竞争者的地位平等和经济自由，以贯彻其自由、平等、民主的政治理念在经济领域的实现。这一时期的客观经济形势是垄断财团依靠其超强经济实力不断损害中小企业的利益，使社会矛盾不断激化，破坏了公平自由的社会观念，侵蚀了民主社会的经济基础，进而威胁到了民主政府的稳定。为恢复自由竞争的经济秩序，巩固民主政府的政权稳定，《谢尔曼法》诞生。所以，《谢尔曼法》的价值目标当然是强调经济自由和平等。同时期，美国法院对转售价格维持的规制主要采用权利主义分析进路，要么从零售商竞争自由的角度裁决案件，要么从生产商竞争自由之角度裁决案件。②20 世纪 40 年代至 60 年代初期，推行并维护竞争成为反垄断法的价值目标。这一时期由于受 30 年代经济危机和凯恩斯国家干预理论的影响，美国政府放弃了危机发生之前对经济的自由放任态度，转而加强了国家对经济的调控力度。此阶段的转售价格维持合法化是为了防止中小零售商因大型零售商的低价格而被市场淘汰，体现了对中小零售商利益的保护。③20 世纪 60 年代以来，提高经济效益成为美国反垄断法的价值目标。这是因为自 20 世纪 60 年代以来，世界经济形势发生了深刻变化，日本和欧共体的崛起威胁到了美国战后在世界经济中的霸主地位，又由于新技术革命的影响及经济全球化进程的加快，美国的国际竞争力进一步受到削弱。为提高其在全球经济中的影响力，需提高美国企业在国际经济竞争中的实力。这一时期芝加哥学派的经济理论在官方经济学中占

① 赵万一，魏静．论我国反垄断法的价值目标界定及制度架构［J］．社会科学研究，2006（1）：108－112，108－109.

据了主导地位，经济效益开始成为美国反垄断法的首要价值目标。芝加哥学派对转售价格维持所具有的促进竞争的效果大力宣扬，美国法院对转售价格维持的规制深受有关经济理论的影响，体现了效率价值取向。此后有关转售价格维持的案例，虽然形式上遵循的是本身违法原则，但其本质上都是效率价值指引下的合理原则，直至 Leegin 案正式地确立了效率价值取向。

欧盟的宗旨是一体化市场内的自由竞争，同时非常重视对消费者利益的保护，因此对转售价格维持的规制较为严格，将其视为有碍销售商参与自由竞争的行为并对其严厉禁止。但目前欧盟法由于受到美国 Leegin 案的影响而有了一定的松动，允许在有利于提高市场效率并且对有利于消费者福利的情况下限制转售价格。德国反垄断法中有关转售价格维持的内容已经与欧盟法高度融合，在价值取向上与欧盟法保持一致。德国反垄断当局不仅关注该行为是否影响了一体化内的自由竞争，同时也严厉禁止对德国境内自由竞争产生不利影响的行为。日本对转售价格维持的规制都以零售商参与竞争的自由为价值取向，对生产商利用自身优势限制零售商的转售价格的行为均以影响公平或自由竞争为由禁止。

4.5.2 应区分单边型与双边型转售价格维持

美国法院在效率价值取向下对单边政策型转售价格维持比较宽容，高露洁原则是这种态度的判例法表达。这种态度在美国司法部处理的一些案件中也有明显的反应。美国对双边共谋型的转售价格维持则比较严厉，这体现了美国对托拉斯所造成的竞争损害的警惕，同时也体现了美国对处于优势方的生产商效率的保护。而大陆法系国家和地区并未对美国法中所谓的共谋或双边型转售价格维持进行明确规制，其预设的转售价格维持都由生产商单边主导，属于生产商具有相对优势的情形，并将这种情形下的转售价格维持认定为对零售商竞争自由的限制，因此所有由生产商主导的单边政策型转售价格维持都在竞争自由价值下被判定为非法。在单边政策型转售价格维持的框架下，零售商只是被动接受生产商决定的转售价格。违反者常常被停止供货或遭受其他形式的损失。这种情况已经超越了双边契约中的违约范畴，实质上是对零售商交易自由及竞争自由的限制。对于这种单边政策型转售价格维持，大陆法系的德国和日本的态度与美国有较大的不同。大陆法系国家都表现出了对零售商或零售商竞争自由的保护，而美国联邦最高法院在 Leegin 案中明确支持了生产商的效率。沿着这种逻辑，对于生产商与批发商或零售商双边共谋固定转售价格的协议，美国和大陆法系国家的法律精神也存在差异。依美国法，共谋价格属于《谢尔曼法》禁止的行为，若该行为能够带来效率，则可以适用合理原则；依大陆法系国家的法律，共谋并未限制零售商的竞争自由，依契约自由原则，不应禁止，此时应引入另一评价标准，即消费者利益。若转售价格维持行为导致消费者利益受损，则应对契约自由加以限制；若有助于消费者福利提升，则应允许此类行为的存在。因此，对转售价格维持的规制，不宜简单借鉴美国法对共谋形为的规制，而应该以单边政策型转售价格维持作为典型，将保护零售商的竞争自由为核心目标。同时，应重点考察双边型转售价格维持是否损害消费者利益，将损害消费者福利的协议认定为非法。但是，美国作为反垄断法的发源地，其有关转售价格维持规制中的效率价值取向也对其他国家产生了影响，这表现在Leegin案之后，欧盟竞争法增加了效率抗辩的内容。但日本目前的立法未做相应的变化。

5 我国转售价格维持法律制度的变革及评述

我国从1994年就将反垄断法列入了第八届全国人民代表大会的立法规划，直到2007年第十届全国人大常委会通过，历时十余载，实为不易。尽管如此，反垄断法的理论准备却并不充分，有关转售价格维持制度的理论研究较为薄弱，专门研究转售价格维持的论著较少。立法上，当时各国较为一致地将转售价格维持视为限制竞争行为而加以禁止。我国主要以欧盟竞争法为蓝本进行有关立法[①]，似乎亦明确禁止转售价格维持协议。但就在我国《反垄断法》出台的过程中，美国联邦最高法院在Leegin案中以五比四的微弱优势推翻了对转售价格维持适用一百多年的本身违法原则，改采用合理原则。该案对欧盟及我国的反垄断法律适用都产生了影响，我国某些个案中的法院判决思路甚至完全采用了合理原则。由于我国《反垄断法》立法技术的不成熟以及内容的原则性，导致实施过程中出现了不同的理解和解释，在执法与司法层面，对待转售价格维持的态度及法律适用均存在分歧。针对反垄断法实施过程中存在的突出问题，汲取各国反垄断理论研究最新的成果，2022年我国对《反垄断法》进行了修订，对相关制度进行了完善，对法律条文顺序进行了调整，对条文之间的逻辑关系进行了更合理的安排，尤其明确了转售价格维持的规制思路，对经营者能够证明其不具有排除、限制竞争效果的，不予禁止。这对执法与司法实践都提出了更高要求。

5.1 我国转售价格维持法律制度的理论争鸣

我国《反垄断法》对转售价格维持进行了专门规定，执法与司法机关也有相关的适用规范，《零售商供应商公平交易管理办法》《工商行政管理机关禁止垄断协议的规定》《最高人民法院关于审理因垄断行为引发的民事纠纷案件应用法律若干

① 万江．中国反垄断法：理论、实践与国际比较［M］．北京：中国法制出版社，2015：9－13．

问题的规定》等对转售价格维持问题均有涉及。除此以外，2017 年就在酝酿的《关于汽车业的反垄断指南》及《反不正当竞争法》修订草案都有相关规定。

5.1.1 对原《反垄断法》相关条文之间关系的不同解读

我国 2022 年修订前的《反垄断法》(以下称原《反垄断法》)，其第二章是有关垄断协议的规定，共包括四个条文，其中第十三条规定了横向垄断协议的具体情形，第十四条规定了纵向垄断协议的具体情形，即固定转售价格及固定最低转售价格，第十五条规定了垄断协议的豁免条件，第十六条规定了行业协会不得组织本行业的经营者从事垄断协议行为。从逻辑上讲，第十三、十四、十五条之间应该存在这样的关系：先分析经营者的行为是否符合横向垄断协议和纵向垄断协议的具体情形，如果符合某种情形，再判定其是否应该受到豁免。如果符合豁免条件，则免于《反垄断法》的制裁；若不符合豁免条件，则应受《反垄断法》的制裁。但是原《反垄断法》第二章没有在这三个条文之前对垄断协议进行总括式界定，而是在第十三条第二款规定："本法所称垄断协议，是指排除、限制竞争的协议、决定或者其他协同行为。"由于该款规定的存在，使得第十三条、十四条与第十五条的关系存在解释上的分歧。一种解释认为，一种协议只要被称为垄断协议就具有非法性，就说明其具有排除、限制竞争的效果。依这种解释，第十三条和第十四条规定的垄断协议都是排除、限制竞争的协议，只要能够证明存在具体的协议，就可以依《反垄断法》对其制裁，其是否能得到豁免，要视其是否满足第十五条规定的条件而定。另一种解释认为，垄断协议并不一定是排除、限制竞争的协议，只有当能够证明第十三条、第十四条规定的具体情形，产生了严重排除、限制竞争效果时，才依《反垄断法》要求经营者承担不利后果。此时应考察该情形是否满足第十五条规定的豁免条件。若满足，则免于承担不利后果；若不满足，则需承担不利后果。第一种解释被称为"可抗辩的违法推定方法"，第二种解释被称为合理性分析方法[①]。这两种解释在法律适用上会产生不同的执法审查模式。依第一种解释，执法者只需要调查经营者是否存在第十三条或第十四条规定的协议、决定或协同行为。若存在，即违法，然后由经营者自证其符合第十五条规定的豁免情形。依第二种解释，经营者之间的协议、决定或协同行为是否违法，要考察

① 黄勇，刘燕南．关于我国反垄断法转售价格维持协议的法律适用问题研究［J］．社会科学，2013（10）：82－91．

其是否排除、限制了竞争。一般认为，轻微的排除、限制竞争不应视为违法；若严重排除、限制了竞争，则违法；若其具有第十五条规定的情形，则不违法。但第二种解释前后矛盾。因为第十五条第二款规定："属于前款第一项至第五项情形，不适用本法第十条、第十四条规定的，经营者还应当证明所达成的协议不会严重限制相关市场的竞争，并且能够使消费者分享由此产生的利益。"这意味着，需要经营者就已经被认定为严重排除、限制竞争的垄断协议，去证明其不会严重限制相关市场竞争，且能够使消费者分享由此产生的利益。

5.1.2 对转售价格维持法律规制原则的论争

部分学者认为应对转售价格维持适用本身违法原则。例如，有学者认为，在欧盟、美国，纵向价格限制已不是普遍现象。然而在我国，纵向价格限制问题却异常严重。其根本原因主要有三方面：我国经营者管理能力不足、管理人员存在严重惰性及制造商与分销商都追求均衡利润。因此该学者建议，我国应对纵向价格限制行为适用本身违法原则①。另有学者认为，我国《反垄断法》有关转售价格维持的规定是以欧盟法为蓝本制定的，该法第十四条的规定已经确认固定转售价格和限制最低转售价格行为违法，对其适用合理原则的法律依据存在不足②。也有学者认为，我国不能将合理原则作为趋势，而应学习欧盟、日本等适用本身违法原则③。还有学者认为，我国《反垄断法》对最低转售价格维持采用本身违法与豁免相结合的原则是适当的，原因是实务部门有关《反垄断法》的知识储备比较欠缺，本身违法原则能够提高法律的稳定性，能够提高市场主体对自己行为后果的预见性，能够提高执法者对有关行为认定的效率并减少权力寻租的发生④。另外，我国竞争法、反垄断法教材几乎都认为转售价格维持本身违法。这些认为我国对转售价格维持的规制应适用本身违法原则的观点要么从法律条文本身的规定及相互之间的逻辑出发，要么以其他国家的法律规定及司法实践出发，更多地考虑的是法律本身的规定以及执法的便利性，缺少对我国经济现实的分析以及对本身违法原则的深层思考，缺乏对所

---

① 徐新宇，高牟．美国在转售价格维持上的独特性和 Leegin 案确立的分析框架（上）［J］．中国价格监督检查，2013（11）：30－33．

② 张骏．对于转售价格维持适用合理原则法律依据的探讨［J］．价格理论与实践，2015（10）：34－36．

③ 厉潇逸．从茅台、五粮液看转售价格维持［J］．前沿，2013（9）：97－98．

④ 何治中．美国反垄断法对最低转售价格维持的规制原则变迁与启示［J］．金陵法律评论，2011（2）：125－133．

得结论的支撑性论证。

部分学者认为应对转售价格维持适用合理原则。例如，有学者认为，我国《反垄断法》应当转变目前较为模糊的“本身违法＋适用例外”的立法模式，而改为明确并且有针对性的合理原则，以顺应欧美有关转售价格维持方面的立法及司法实践的一般趋势①。有学者从四个方面来说明我国《反垄断法》应适用合理原则：一是从原《反垄断法》第十三条第二款的规定来看，垄断协议必须具有“排除、限制竞争”的目的或效果；二是对转售价格适用合理原则符合人们对反垄断法的认知；三是与国际反垄断法的发展趋势保持一致；四是这样做符合我国的国情②。有学者基于经济理论的最新发展成果，认为几乎每一种纵向限制行为都存在提升效率的可能，这有利于提高消费者福利和社会总体福利。另外，欧美国家对转售价格维持的规制已经出现了向合理推定原则转变的趋势。因此，我国也应适用合理原则③。有学者从消费者权益的角度认为转售价格维持导致了产品的高价格，损害了消费者福利，因此，我国《反垄断法》应借鉴其他国家和地区的立法对最高限价以外的其他形式的转售价格维持全面禁止。但是其认为对转售价格维持的规制要有限度，只有造成了严重的竞争损害，才需要进行规制，否则会抑制转售价格维持合理性作用的发挥。控制规制的限度，应以特定的市场结构作为筛选机制④。

总体上，在 Leegin 案之后，我国学者对转售价格维持问题有了更多的关注，我国对转售价格维持规制原则的选择也较多地受到了该案判决的影响。采用合理原则，优点是提高了政府干预经营者定价行为的门槛，使那些对竞争影响不大的转售价格维持得以存在，使经营者能够利用转售价格维持促进品牌内服务质量的提升及便利新产品进入市场；缺点是导致市场参与主体无法形成稳定的预期，增加了竞争影响因素的评估成本，也增加了司法错误的成本，如果不能公平分配举证责任，则很可能使转售价格维持沦为“本身合法”。有学者认为采用“可抗辩的违法推定方法”会更契合原《反垄断法》的文义，但其缺点也是显而易见的。因为只有转售价格维持协议满足第十五条所列举的一种或一种以上的情形，才能启动抗辩程序，这就可能将那些不符合第十五条规定的情形但仍具有正面效果的转售价格维持排除在外，显然与《反垄断法》的理念

① 郭宗杰．反垄断视角中转售价格限制的比较法研究［J］．法学评论，2014（5）：81.

② 刘蔚文．美国控制转售价格判例的演进及其启示［J］．华东政法大学学报，2012（1）：74－75.

③ 刘志成．美国和欧盟纵向垄断协议的反垄断实践及启示［J］．中国物价，2014（5）：21.

④ 李剑，唐斐．转售价格维持的违法性与法律规制［J］．当代法学，2010（6）：116.

不符，并且采用这种方法还可能会加重执法和司法负担。从现实的角度看，固定转售价格与限定最低转售价格在我国的经济活动中被广泛适用，几乎是行业的潜规则。如果采用“可抗辩的违法推定方法”，可能会形成滥诉或诉讼爆炸。若对固定转售价格和限定最低转售价格协议采用合理分析方法，则需要设置一些条件避免合理原则沦为本身合法。为此应从主客观两个方面进行分析：客观方面，需要考察市场竞争状况、产品或行业特点、对消费者福利的影响；主观方面，若仅希望以转售价格维持获得更多利润或更大的市场，则不应该为《反垄断法》所排斥，但若其主观目的是组成卡特尔或利用市场势力排挤竞争者，则应该受到《反垄断法》的规制①。对转售价格维持适用合理原则的观点深受美国 Leegin 案的影响，但是其没有解释为何在美国的许多州仍对转售价格维持适用本身违法原则，也不能解释德国、日本及欧盟对转售价格维持的态度，更不能解释我国的经济现实。

5.1.3 对转售价格维持法律规制模式的分歧

第一，在《反垄断法》内部，存在通过垄断协议与滥用市场支配地位行为两种路径对转售价格维持进行规制的情况。除原《反垄断法》第十三条、第十四条及第十五条中有关垄断协议的规定涉及转售价格维持问题外，原《反垄断法》第十八条规定：“认定经营者具有市场支配地位，应当依据下列因素：……（四）其他经营者对该经营者在交易上的依赖程度；……”对于依赖程度的认定，《工商行政管理机关禁止滥用市场支配地位行为的规定》第十条第（五）项规定：“认定其他经营者进入相关市场的难易程度，应当考虑其他经营者与该经营者之间的交易量、交易关系的持续时间、转向其他交易相对人的难易程度等。”相对优势地位和市场支配地位都需要考虑一企业相对于另一企业而形成的依赖关系，之所以会产生这种依赖关系是因为依赖方在相关市场无法找到可以替代被依赖方的企业，这意味着被依赖的企业在相关市场的竞争不够充分②。至于垄断协议与滥用市场支配地位行为之间的关系，理论上认为，垄断协议若能够产生限制竞争的效果，则经营者应具有市场支配地位或相对优势地位。例如《关于汽车业的反垄断指南》（征求意见稿）有关垄断协议的部分指

① 黄勇，刘燕南．关于我国反垄断法转售价格维持协议的法律适用问题研究［J］．社会科学，2013（10）：86－87.

② 王晓晔．论滥用“相对优势地位”的法律规制［J］．现代法学，2016（9）：80.

出，根据《反垄断法》第十五条，经营者主张其协议不适用《反垄断法》第十三条或第十四条，首先，需要证明其协议属于第十五条列出的情形之一；其次，除“为保障对外贸易和对外经济合作中的正当利益的”和“法律和国务院规定的其他情形”这两种情形以外，经营者还应当证明其协议不会严重限制相关市场的竞争，并且能够使消费者分享由此产生的利益。至于协议是否会严重限制相关市场的竞争，则可以通过评估经营者的市场力量而定。对经营者市场力量的评估，可以参考《反垄断法》第十八条所列举的各项因素。同时该指南指出，评估经营者是否具有显著的市场力量，设置一个市场份额的标准并不必然具有合理性、科学性与可操作性。以纵向协议的竞争评估为例，执法实践和理论研究均表明，在相关市场上占有30%以下市场份额的经营者有可能被认定为不具有显著的市场力量。但是，根据个案的具体情形，如果有证据证明经营者的行为不符合《反垄断法》第十五条的规定，反垄断执法机构仍然可以对相关行为适用《反垄断法》第十四条。

第二，在《反垄断法》外部，存在是否需要通过《反不正当竞争法》对转售价格维持行为规制的问题。《反不正当竞争法》修订过程中，修订草案送审稿第六条规定：“经营者不得利用相对优势地位，实施下列不公平交易行为：……（三）没有正当理由，限定交易相对方与其他经营者的交易条件；……本法所称的相对优势地位，是指在具体交易过程中，交易一方在资金、技术、市场准入、销售渠道、原材料采购等方面处于优势地位，交易相对方对该经营者具有依赖性，难以转向其他经营者。”该条文所指的交易条件应当包括了交易价格。如此，若经营者利用相对优势要求交易相对人对转售价格进行限制，则属于不公平竞争行为。另外，早在2006年，国家工商总局制定的《零售商供应商公平交易管理办法》第7条规定：“零售商不得从事下列妨碍公平竞争的行为：（一）对供应商直接向消费者、其他经营者销售商品的价格予以限制；（二）对供应商向其他零售商供货或提供销售服务予以限制。”该办法亦将转售价格维持视为不公平竞争行为。由两部价值理念不同的法律对同一行为进行规制，可能会产生法律适用上的混乱，给执法部门争夺执法权或互相推诿制造空间。因为反垄断法所保护的“竞争”和反不正当竞争法所保护的“竞争”有很大的不同，前者保护的是“自由竞争”，后者保护的是“公平竞争”。很多国家都采取了分别立法的模式①。根据反垄断法的理论，只有市场上出现垄断或垄断趋势

① 王晓晔．反垄断法［M］．北京：法律出版社，2011：35.

的时候，政府方可以干预市场，干预的目的是保障经营者自由参与市场竞争的权利。反不正当竞争法关注的是经营者在市场上的相互竞争行为是否正当或公平。虽然反垄断法也对处于市场支配地位的经营者所从事的不公平或不正当行为进行规制，但其目的是防止这些行为加强具有市场支配地位的经营者的市场势力从而恶化市场竞争的条件。而反不正当竞争法更关注经营者的具体行为对相关竞争者的竞争利益的影响。反垄断法与反不正当竞争法给予受到影响的经营者的救济途径及方式均有差异。《反不正当竞争法》（修订草案）第十九条规定："经营者违反本法第六条规定的，由地市级以上的监督检查部门责令改正，处以违法经营额一倍以上五倍以下的罚款；没有违法经营额或违法经营额无法计算的，根据情节处以十万元以上三百万元以下的罚款。"内容上与原《反垄断法》第四十七条有较大的不同。最终修订后的《反不正当竞争法》删除了修订草案第六条的内容。

5.2 我国原转售价格维持法律制度的实施困境

2012年以来，我国先后处理了几起转售价格维持案件：锐邦诉强生案，格力空调案，茅台、五粮液案，奶粉企业纵向限制案，东风日产被诉垄断经营汽车配件案，奔驰公司被投诉案等。这些案件中，除锐邦诉强生案、格力空调案由法院判决外，其他都由发展改革委进行了罚款。法院与发改委对转售价格维持立法的适用明显存在差异，这种差异产生于对转售价格规制原则的选择不同，由此产生了较大的争议。

5.2.1 对转售价格维持的执法与司法适用存在差异

前述两种不同的解释已经在反垄断法的实践中显现出来。国家工商总局主要对横向垄断协议进行执法，从各地工商局发布的已有案件的执法公告看，工商局在具体案件认定的最后环节都说明该行为因"限制了竞争""人为地排除、限制了竞争"而属于反垄断法所禁止的垄断协议行为。不过工商局的执法公告，主要证明了横向协议达成与实施的事实而并没有证明其如何"排除、限制了竞争"，其基本的逻辑是，只要证明有垄断协议的存在，就证明存在排除、限制竞争的后果。这种逻辑适用于横向垄断协议是没有问题的，因为就横向垄断协议所涉及的几种情形，无论是固定、维持与变更价格，还是限制产量、分割市场、联合抵制，都具有明显反竞争的性质。其中，固定价格协议使消费者或用户只能面对一个价格或一种交易条件；限制产量协议通过人为制造市场的“不饱和”状态，使相关商品或服务的价格处于高位；分割市场协议使市场内存在唯一的经营者，从而造成产品的单调与价格的不合理；联合抵制协议使被抵制方不能参与市场竞争，从而使市场竞争受到限制。也就是说，对横向垄断协议，无须证明其排除、限制竞争的目的或效果，因横向垄断协议天然地具有排除、限制竞争的目的或效果。也正因为如此，横向垄断协议在各国反垄断法中都受到了严格规制，适用本身违法原则。然而，鉴于我国原《反垄断法》存在上述提及的问题，在横向垄断协议的实际适用上也存在不同的认识。如在“深圳有害生物防治协会垄断案”[①] 中，一审法院深圳市中级人民法院认为，垄断协议的构成前提是排除、限制竞争，判断一项协议是否构成垄断协议，关键在于看其是否具有排除、限制竞争的目的或效果。现行民事诉讼制度并未对垄断协议类案件的举证责任做出特别安排，那么对垄断协议类案件仍应遵循“谁主张、谁举证”的举证责任分配原则。原告惠尔讯公司要证明在深圳有害生物防治协会主持下，其会员单位所签署的“自律公约”构成垄断协议，则首先应该证明该“自律公约”产生了排除、限制竞争的效果。二审法院广东省高级人民法院进一步认为，判定“自律公约”是否构成垄断协议，需考察其是否排除、限制了深圳市除“四害”服务市场的竞争，惠尔讯公司提供的证据不足以证明“自律公约”的签订产生了排除、限制竞争的效果。因此，认定深圳市有害生物防治协会与其会员所签订的“自律公约”并无不当。

发改委处理的有关转售价格维持的案例似乎是以本身违法原则为依据的。这就使《反垄断法》的实施面临很大的不确定性，反垄断执法机关和法院在处理转售价格维持问题上的认识存在分歧，有些认识甚至完全相反。针对这种局面，需要在立法层面统一垄断协议与排除、限制竞争关系的认定方法，避免出现事实认定不一致及裁决不一致的情况。有学者提出，当立法不能妥善解决这一问题时，应确立“司法尊重行政制度”和“约束力规则”。这是因为与法院相比，反垄断执法机关往往配备了经济和技术方面的专家，对是否排除、限制竞争的事实认定比法院更专业。法院的职责主要是对反垄断执法机关的处理决定进行法律审查，而不是事实审查，原则上应尊重反垄断执法机关对事实的认定[②]。但是这一观点的适用前提是反垄断执法机关已经对垄断行为做出处理，

---

① 参见（2012）粤高法民三终字第155号民事判决书。

② 王健．垄断协议认定与排除、限制竞争的关系研究［J］．法学，2014（3）：49.

被处理对象因对处理结果不服而提起行政诉讼的情形。对于强生案中的转售价格维持协议，法院还是要做出事实判断之后才能进行处理。

我国反垄断法是在参考、借鉴美国、日本及欧盟等发达国家和地区立法和执法经验的基础上产生的，在反垄断法拟定甚至出台的过程中，美国是以本身违法原则来审查固定转售价格协议和限定最低转售价格协议的，欧盟和日本也都以本身违法原则来对待转售价格维持。但在我国 2007 年出台《反垄断法》后，同年的 6 月 28 日，美国联邦最高法院在 Leegin 案中推翻了在该领域适用了将近一百年的本身违法原则，转而对转售价格维持适用合理分析原则。在我国《反垄断法》实施过程中，法院对该类案件的审理却深受美国反托拉斯法的影响①。前述“深圳有害生物防治协会垄断案”以及后面提到的“锐邦诉强生案”都是依美国判例的逻辑进行审理的典型。

5.2.2 对既有的转售价格维持案例存在较大争议

（1）对锐邦诉强生案的争议

案情简介：北京锐邦涌和科贸有限公司（以下简称锐邦公司）是强生（上海）医疗器材有限公司及强生（中国）医疗器材有限公司（以下统一简称强生公司）医用吻合器及缝线产品在北京地区的零售商，两者之间有长达 15 年的合作。锐邦公司在 2008 年与强生公司签订经销合同之后，在北京大学人民医院采购竞标过程中未遵守经销合同中的限制转售价格条款而以较低价格竞标，遭受到强生公司的处罚。先是被取消在部分医院的经销权，然后被完全停止供货，遭受了重大经济损失。锐邦公司认为强生公司在经销合同中约定转售价格限制条款并依据此条款对锐邦公司进行处罚直至终止经销合同的行为，违反了《反垄断法》第十四条第一款的规定，故诉请根据《反垄断法》的有关规定判定强生公司承担赔偿责任。一审上海市第一中级人民法院以原告未提供证据证明被告的转售价格限制行为排除、限制了竞争为由驳回了原告的诉讼请求。二审上海市高级人民法院最终认定强生公司在经销合同中对锐邦公司限制最低转售价格的条款在相关市场产生了排除、限制竞争的效果，同时并不存在明显、足够的促进竞争的效果，判决强生公司依法承担 50 万元的损害赔偿责任。

关于强生案中法院对转售价格维持所采用的考察方法，有观点认为上海市

① 张骏．对于转售价格维持适用合理原则法律依据的探讨［J］．价格理论与实践，2015（10）：34.

高级人民法院借鉴了欧美国家规制转售价格维持的最新做法，采用合理原则分析、考察了转售价格维持的负面效果，同时又肯定了其积极效果，遵循了我国《反垄断法》第十四条、十五条的立法原意。反垄断法禁止转售价格维持的主要理由应该是其形成了生产商或零售商卡特尔或者其充当了支配性零售商限制竞争的手段。法院对该案中的转售价格维持行为是否违法的判定应考察是否存在生产商或零售商卡特尔以及是否存在支配性零售商以转售价格维持为手段限制竞争等情形，故法院对相关市场竞争是否充分及强生公司具有很强市场地位的考察有本末倒置之嫌①。这种观点仍在引用已经被抛弃的经济理论，将转售价格维持的违法性与生产商或零售商卡特尔相关联，但根据本书第二部分所呈现的经济理论成果及实证，生产商或零售商卡特尔理论是没有解释力的，依据被抛弃的理论得出的结论显然是站不住脚的。也有观点认为上海市高院的分析模式在逻辑结构上并不清晰，其并未明确解释其所考量的四个因素存在何种关联关系，也没有明确四个考量因素各自的判断标准。另外，这种分析模式将严重耗费司法资源②。有观点认为强生案一审和二审无端适用了合理原则，实质上架空了《反垄断法》第十五条的规定，“纯属有法不依的司法行为”，对中国转售价格维持规制中豁免规则的适用产生了恶劣影响③。另有论者认为，强生案存在三个方面的问题：首先，在定性上，本案的判决使原告“违约不违法”，被告“违法不违约”；其次，在赔偿数额方面，本案虽然依据《反垄断法》进行定性，但是却仍然按照民法的补偿性原则确定赔偿数额，在法律适用上出现了不配套问题；如果将法律适用与合法性判断作为单纯的“定性”问题，将赔偿数额的确定作为“定量”问题，强生案的判决就出现了“定性与定量”分离、“法学研究与经济分析”脱节及“公平与效率”相悖的现象④。上述争议表明，本案二审法院虽然以洋洋洒洒四万字的判决对转售价格维持进行了充分的分析，但仍然存在诸多未回答的问题。

以下对判决书要点的分析有助于解释其未获得充分肯定的原因。

二审法院则认为，最低转售价格限制行为是否排除、限制竞争，要从相关

---

① 曾晶．“锐邦诉强生”案的反垄断法分析［J］．学术论坛，2014（6）：157.

② 李剑．论垄断协议违法性的分析模式：由我国首例限制转售价格案件引发的思考［J］．社会科学，2014（4）：111.

③ 高牟．中国纵向价格垄断：形态、来源、损害、认知误区与豁免［D］．合肥：中国科学技术大学，2015：242.

④ 于立，冯博．维持转售价格法律适用问题中的“定性”与“定量”：“锐邦诉强生案”的法律经济学分析［J］．中国物价，2014（1）：9－10.

市场竞争是否充分、被告市场地位是否强大、被告实施最低转售价格限制的动机、限制最低转售价格的竞争效果等四方面进行考量①。

首先，法院认定强生公司所处相关市场为竞争不充分的市场。理由是，在充分竞争的市场，消费者有较多的替代性选择，限制最低转售价格不会影响消费者利益和经济效率。在竞争不充分的市场，由于缺乏替代性选择，用户会对某一品牌或几种品牌的产品产生依赖，如果某一品牌的产品实施了最低转售价格限制，则会导致该品牌产品内部竞争减弱，而且有可能使不同品牌产品间形成定价上的默契，或导致缺乏价格动力，从而导致市场价格的上涨或者维持在一个较高的水平，导致经济效率下滑和消费者利益受损。强生公司以 15 年不变的价格从容应对竞争，充分说明强生公司对其医用缝线产品具有很强的定价能力，涉案产品缺乏需求弹性更加巩固了强生公司的定价能力。因此，有人便推断医用缝线市场是一个缺乏竞争的市场。对此笔者认为，从强生公司 15 年价格不变推导出其具有较强的定价能力，并进而推出该相关市场竞争不充分，这种推断忽视了消费者由于品牌偏好所形成的品牌依赖性。这种品牌依赖性由产品品质上或品牌上的差异而产生，即使在充分竞争的市场，品牌依赖现象仍然存在，这正是企业创立品牌的初衷和动力。

其次，法院认定强生公司在相关市场具有很强的市场地位。法院认为，实施最低转售价格限制的企业在相关市场具有很强的市场地位，从而能够影响市场竞争，此为认定最低转售价格限制构成垄断协议的重要条件。企业在相关市场是否有很强的市场地位，要从其市场份额、原材料供应、关键技术、销售渠道、品牌形象等方面是否具有优势进行考察，若企业不具有上述各方面的优势，其所实施的最低转售价格限制就不会对市场竞争产生影响，或者即使有短时间、小范围的影响也很快会被更有效率的市场竞争纠正。而强生公司在相关市场拥有较高的市场份额、较强的定价能力、很强的品牌影响力，对零售商具有绝对的控制力量。因此，强生公司具有很强的市场地位。笔者认为，法院从市场份额、定价能力、品牌影响力、对零售商的控制力等方面认定强生公司具有很强的市场地位没有问题，但将企业在相关市场的地位作为认定最低转售价格维持构成垄断协议的条件，是对垄断协议的误读。垄断协议的构成无须市场地位要件。只不过在经济现实中，转售价格维持确实大多都是由优势企业主导而已。

---

① （2012）沪高民三（知）终字第 63 号。

再次，法院认定强生公司实施最低转售价格限制的动机在于回避价格竞争。法院认为，虽然行为动机与行为效果不完全对应，且行为动机难以观察，但具有市场优势的企业利用其在财力、技术、信息等方面的优势，通过限制最低转售价格影响竞争的可能性将大大提高。强生公司要求零售商帮助其维护市场价格体系，禁止任何形式的恶意竞价行为，就是在回避价格领域的竞争。对此，笔者认为，在考虑成本上涨及通货膨胀因素的情况下，强生公司能 15 年保持价格不变，不能认定其回避了价格竞争。价格竞争应主要指不同品牌的同类产品间的竞争。

最后，法院认定强生公司的最低转售价格限制协议限制竞争的效果明显而促进竞争的效果不明显。就限制竞争的效果而言，法院认为强生公司的最低转售价格限制排除了品牌内竞争，使产品价格长期维持在较高的水平。强生公司的产品尽管销量较大，但其价格却比其他品牌的进口缝线产品高出 15%左右。就促进竞争的效果而言，法院认为，尽管限制最低转售价格被认为具有防止零售商搭便车行为、促进新品牌或新产品进入市场、促进产品质量竞争、维护产品声誉、给消费者统一价格信息、促进零售商发展和经销网建设、抵御竞争者的折扣销售等多方面促进竞争的效果，但维护产品声誉及使消费者获得确定价格信息的效果，在购买者对产品很熟悉的情况下没有突出的必要；促进经销网建设未必能使消费者获益；只有促进产品质量提升或服务提升、促进新产品或新企业进入市场的效果才是关键。不同品牌的缝线产品不存在公认差异，产品同质性程度较高，通过限制最低转售价格保障差异服务既没必要也无明显作用。而强生公司的产品质量主要体现为安全性，这一性能是由强生公司保障而非零售商保障的。笔者认为，法院将产品价格高作为竞争受到限制的证据并将品牌内竞争作为主要评价对象缺乏说服力。产品价格高的因素有多种，品质、品牌等都会产生高价格，高价格本身不是问题。另外，比品牌内竞争更重要的是品牌间竞争，对限制竞争效果的评价应以品牌间竞争为主。不同品牌的缝线产品不存在公认的差异主要是从产品的用途方面进行的分析，但用途的差异与品质、品牌的差异完全不是一回事。

尽管法院的判决在说理部分存在上述问题，但无法回避的事实是强生公司采取独家品牌经销、区域限制、客户调配、短期合约等多种限制措施后，已经取得了对零售商的相对支配地位，零售商进行自由竞争的空间已经非常有限，即使不采取最低转售价格限制也会产生高价格，最低转售价格维持措施只不过直接表现为高价格而已。

(2) 对格力空调案的争议

案情简介：东莞市横沥国昌电器商店（以下简称国昌电器商店）是格力空调的零售商，东莞市合时电器有限公司（以下简称合时公司）是格力空调的批发商，国昌电器商店自1999年起与合时公司合作销售格力空调，其间双方一直合作良好。合时公司的空调批发自东莞市晟世欣兴格力贸易有限公司（以下简称晟世公司）。2011年6月9日，晟世公司要求国昌电器商店签订三方协议才能继续销售格力空调。三方协议要求，国昌电器商店应遵守晟世公司的市场管理规范要求，终端销售过程中的最低售价不得低于晟世公司规定的最低零售价，若违反规定，晟世公司有权予以处罚，直至取消其经营资格，并收回其门头、展柜、样机等，并被要求缴纳格力市场维护诚意押金15 000元及格力样机押金2 000元。此后，晟世公司经常通过电话、口头通知或者召开经销商会议以及设定新机安装开机授权密码等形式，对每一台格力空调进行分区域限价销售，系统化进行区域价格控制。后国昌电企商店被告知因其2013年2月在销售某型号家用格力空调过程中违反最低限价销售，按三方协议被罚款13 000元，未全数退还国昌电器商店缴纳的“维护诚意押金”。国昌电器商店遂以晟世公司与合时公司实施纵向垄断协议为由诉至法院。

本案一审法院认为，晟世公司和合时公司分别系格力空调在东莞市的总经销商和唯一供货商，国昌电器商店作为晟世公司和合时公司在该区域内的协议经销商，与晟世公司存在纵向交易关系，国昌电器商店认为晟世公司通过协议方式限制最低转售价格而引起的纠纷属于反垄断法的调整范围。法院确认案涉协议属于限制最低转售价格协议，但同时认为案涉协议不属于反垄断法定义的垄断协议，晟世公司的行为不构成反垄断法意义上的垄断行为。在判决说理部分，一审法院强调，从市场的竞争状况及消费者的角度，东莞市的空调市场除了格力品牌，还存在多个知名度与美誉度与格力相当的国内外品牌，是一个充分竞争的市场，格力空调实行最低转售价格，消费者可以选择其他同类品牌，且没有证据显示空调关联产业的竞争关系因格力空调的最低限价销售而有所影响。因此，晟世公司与国昌电器商店所签订的含有转售价格限制内容的三方协议不具有排除、限制竞争的目的，也未产生排除、限制竞争的效果。同时，晟世公司作为格力品牌的总经销商，其限定品牌内最低销售限价的行为虽然限制了品牌内经销商就空调价格展开的竞争，但国昌电器商店仍然可以在售前宣传、售中促销和售后服务等多方面参与竞争，即消费者就格力空调仍然可以有选择的空间。因此，晟世公司的转售价格限定协议不属于反垄断法上的垄断协议。[①]

二审法院对案涉最低转售价格限定协议是否属于垄断协议进行了详细说理论证。基本思路是,《反垄断法》第十四条所规定的限定最低转售价格的协议必须具有排除、限制竞争效果才能被认定为垄断协议。个案中限定最低转售价格协议是否具有排除、限制竞争的效果的举证责任遵循民事诉讼法"谁主张、谁举证"原则,由原告对案涉限定最低转售价格协议具有排除、限制竞争效果承担证明责任。对于本案中的最低转售价格协议是否具有排除、限制竞争的效果,需要从相关市场竞争是否充分、被告市场地位是否强大、被告实施限定最低转售价格的目的及后果等方面进行考量。二审法院最终认定虽然格力家用空调商品在相关市场具有相对优势地位,但由于家用空调商品相关市场的竞争比较充分,晟世公司不具有实施限制最低转售价格以达到获取高额垄断利润的目的,也没有产生排除和限制竞争的严重后果,维持一审判决。[②]

该案二审与强生案二审的审判思路如出一辙,但审判结果却相反,强生案中的转售价格维持被认定产生了排除、限制竞争的效果,而格力空调案中的转售价格维持被认定没有产生排除、限制竞争的严重后果。这说明法院对转售价格维持并没有采取本身违法原则,而是采取了合理原则,根据相关市场的竞争状况对转售价格维持是否具有排斥、限制竞争的效果进行分析,对相关市场的确定及相关市场竞争状况的分析与市场支配地位认定相结合,超越了对法律文本的解释。

(3)对汽车价格垄断案的争议

2014—2015年,国家发展改革委对克莱斯勒、奥迪、奔驰、一汽大众、东风日产等多家汽车生产商及零售商的转售价格维持行为做出了处罚。但有论者认为汽车领域的转售价格维持不需反垄断法的介入。理由是我国目前有100多家整车生产企业和汽车品牌,汽车市场存在充分的竞争,各车型和品牌之间具有足够的竞争和替代关系。以北京奔驰为例,其无论在整个汽车市场还是高级汽车市场都不具有优势地位,而且奔驰品牌作为一个高级汽车品牌,设定最低转售价格是维护其高端品牌形象的内在需要。在充分竞争的市场中一个完全不具有市场支配地位的厂商所实施的转售价格维持不应该受到反垄断当局的制

① (2015)粤知法商民初字第33号。

② (2016)粤民终1771号。

裁[①]。这种观点虽然考虑了汽车市场的结构问题，但并未从纵向结构以及市场的覆盖率等角度分析转售价格维持在汽车行业的特殊性。

从发改委处罚的几起案件可以看出，在中国的汽车市场上，转售价格维持主要表现为商务政策、通函、通知等形式，多数都由汽车生产商单方主导，通过对不执行转售价格维持政策的零售商进行警告、减少政策支持、罚款等方式来推行该政策。对汽车行业转售价格维持需要结合汽车行业的特殊性进行解读。

为了规范汽车销售市场，保护消费者合法权益，促进汽车产业的健康发展，商务部、国家发展改革委、国家工商总局在 2005 年出台了《汽车品牌销售管理办法》(以下简称《办法》)。《办法》建立了以汽车供应商为主导的汽车品牌销售模式，规范了汽车零售商的行为，将未获得授权的零售商排除在了汽车销售市场之外，结束了汽车销售市场的混乱局面，提高了汽车售后服务的质量，提升了消费者福利。同时，《办法》限定了汽车零售商的经营资格，只有获得汽车供应商的授权才能从事品牌汽车的销售，售后服务、配件供应等业务也需要在供应商授权范围内进行。汽车品牌零售商必须在经营场所的突出位置设置汽车供应商授权使用的店铺名称、标识、商标等，并不得以任何形式从事非授权品牌汽车的经营。经销资格和售后资格的限定使得零售商的活动几乎处于供应商的控制之下。实践中供应商为迅速抢占市场，对店铺的布局及陈设都会做出硬性要求，零售商需要为此支付较高的成本，这种成本往往成为沉淀成本，零售商只有保持和供应商的长期合作关系，才能收回成本。如此，供应商以其雄厚的资金和技术实力掌控汽车配件的供应、维修技术信息的提供等售后服务类的业务，从而对零售商产生锁定效应，并使零售商对供应商产生了品牌依赖，缺乏转向的可能性。因此，尽管汽车市场是充分竞争的市场，但因品牌差异所导致的产品差异，使供应商获得了相对优势地位。转售价格维持是汽车生产商或供应商利用相对优势地位对零售商所做的限制，属于生产商或供应商的单方行为。引用垄断协议的规定处理单方行为，难免会引起争议。

(4) 对茅台、五粮液案的争议

2013 年 2 月，国家发展改革委对贵州茅台酒销售有限公司、宜宾五粮液酒类销售有限公司等白酒供应商做出了高额处罚，认为上述酒类供应商限定零售商向第三人的最低转售价格，违反了《反垄断法》。从五粮液被处罚的公告

① 郭宗杰．反垄断视角中转售价格限制的比较法研究 [J]. 法学评论，2014 (5)：82.

看，自 2009 年以来，五粮液公司通过书面或者网络的形式，与全国 3 200 多家具有独立法人资格的经销商达成协议，限定向第三人转售五粮液白酒的最低价格，并通过业务限制、扣减合同计划、扣除保证金、扣除市场支持费用、罚款等方式对不执行最低限价的经销商予以处罚。2011 年，五粮液公司给予四川一家大型连锁超市停止供货的处罚，迫使超市承诺不再低于固定价格销售五粮液产品。2012 年，五粮液公司对北京、天津、河北、辽宁、吉林、黑龙江、山东、湖南、四川、云南、贵州等 11 省市的 14 家经销商“低价、跨区、跨渠道违规销售五粮液”行为，给予扣除违约金、扣除市场支持费用等处罚。执法机构认为，五粮液公司利用自身强势地位，通过合同约定、价格管控、区域监督、考核奖惩、终端控制等方式，对经销商向第三人销售白酒的最低价格进行限定，达成并实施了白酒销售价格的纵向垄断协议，违反了《反垄断法》第十四条的规定，排除和限制了市场竞争，损害了消费者利益。但处罚公告并未详细论证五粮液公司限定最低转售价格行为排除、限制市场竞争的机理及消费者利益受损的证明，其认定思路与前述强生案、格力空调案中法院的思路显然不同。

商界人士认为转售价格维持在高端酒类产品销售中具有明显的效率提升效应，所以不应对高端白酒的转售价格维持进行处罚。学界对此亦多有质疑之声。我国白酒市场品牌众多，若将相关市场界定为白酒市场，则茅台与五粮液产品所占的市场份额是微不足道的，但是若将茅台与五粮液细分在国内的高端白酒市场，则两者的市场份额足以达到推定其具有市场支配地位的程度。对此，必须回答为何要将高端白酒市场细分出来这一前置性的问题。若从白酒本身的性质及用途分析需求替代及供给替代问题，显然难以给出令人信服的答案。必须结合高端白酒的性质进行分析。

若将高端白酒作为奢侈品进行对待，则高端白酒的品牌及价格是必须考虑的要素。关于价格，对高端白酒消费的市场调查表明，消费者对高端白酒的消费，首先看重的是品牌，其次是价格。即使是品牌酒，若其价格低于心理价位也会将其视为低档货而拒绝购买。将低价格零售商作为更有效率的零售商并认为转售价格维持阻碍了高效率零售商将低价格给予消费者的观点并不适用于奢侈品领域。

（5）对海南裕泰公司案的争议

2015 年 8 月 25 日，海南省物价局对裕泰公司展开反垄断调查。经调查确认，2014—2015 年，海南裕泰科技饲料有限公司（以下简称裕泰公司）与其经销商在《饲料产品销售合同》中第七条约定："让利标准见合同附件。乙方（经销商）应为甲方（裕泰公司）保密让利标准，且销售价服从甲方的指导价，否则，甲方有权减少其让利。"2017 年 2 月 28 日，海南省物价局做出《行政处罚决定书》（琼价监案处〔2017〕5 号），认定裕泰公司虽然与经销商签订的销售合同限定了销售价格，违反了《反垄断法》第十四条第一款的规定，但事实上经销商并未实施垄断协议。鉴于当事人在调查过程中积极配合调查，主动整改，海南省物价局责令裕泰公司立即停止违法行为，处以 20 万元罚款。裕泰公司不服海南省物价局的行政处罚决定，提起了行政诉讼。

海口市中级人民法院一审判决认为，《反垄断法》第十四条所规定的垄断协议的认定，不能仅以形式上是否达成了限定转售价格的协议为依据，还要进一步考察相关价格协议是否产生了排除、限制竞争的效果。相关价格协议是否排除、限制竞争，要综合考虑裕泰公司的经营规模、在相关市场的市场份额、相关市场的竞争状况、价格协议对产品供给数量和价格的影响、对市场行情的影响力等因素，现有证据表明裕泰公司的行为不具有排除、限制竞争效果，判决撤销物价局的处罚决定。

海南省物价局不服一审判决，提起上诉。

海南省高级人民法院认为，行政执法机关在认定纵向垄断协议是否违法时，可以采取不同于法院在民事诉讼案件中所采用的违法判定标准，海南省物价局的处罚决定程序合法，认定事实清楚，适用法律正确，判决撤销一审判决，驳回裕泰公司诉讼请求。

裕泰公司不服，向最高人民法院申请再审。

最高人民法院经审查认为，本案的争议焦点为裕泰公司与经销商签订的合同是否构成垄断协议。在分析《反垄断法》的立法目的及第十三条、十四条、十五条之间关系的基础上，鉴于当前我国市场条件不够完善及市场本身纠偏能力较弱的情况，认为纵向垄断协议的限制竞争效果更需要受到重视和规制，对此类协议的规制和处罚是当前反垄断执法工作的重点。认为在当前的市场体制环境和反垄断执法处于初期阶段的情况下，如果要求反垄断执法机构在实践中对纵向垄断协议都进行全面调查和复杂的经济分析，以确定其对竞争秩序的影响，将极大地增加执法成本，降低执法效率，不能满足当前我国反垄断执法工作的需要。认为不应将"排除、限制竞争"的构成要件，等同于"排除、限制竞争"的效果，更不应等同于"造成实际损失"。已经达成而尚未实施的垄断协议，虽然未产生实际效果，但已经具有损害竞争的可能性。只要反垄断执法机构经过调查证实经营者存在垄断协议，无须对该协议是否符合“排除、限制竞争”这一构成要件承担举证责任。当然，这种认定是可以由经营者通过提交证据进行抗辩予以推翻的。本案中裕泰公司并未提交证据证明其主张，故驳回裕泰公司的再审申请①。

本案是首个反垄断执法行为被提起司法审查的案例，作为被处罚主体的裕泰公司认为其虽然与经销商达成了转售价格维持协议，但并未真正实施，也不存在排除、限制竞争的效果或损害，不应当被处罚。但最高人民法院对《反垄断法》相关条文的解释并未真正消除分歧，对包括转售价格维持在内的垄断协议的违法性的判断并未提供确定一致的标准，反而将反垄断执法中的认定标准与反垄断民事案件的认定标准进行区分，降低了反垄断执法中对转售价格维持协议违法性的认定标准。这种局面不仅给市场主体带来了困惑，使其对转售价格维持协议的合规性产生疑虑，也影响反垄断法的稳定性与确定性。

（6）图书限折争议

在新闻出版总署有关部门的主导下，中国出版工作者协会、中国书刊发行业协会、中国新华书店协会于 2010 年 1 月 8 日发布《图书公平交易规则》，该规则是首部由行业协会制定颁布的有关图书的交易行规。该规则出台的背景是图书高定价、低折扣，书店之间打折扣战，尤其是民营书店和国营书店之间、实体书店和网上书店之间的折扣战，导致图书价格体系混乱。中国书刊发行业协会的调查数据显示，由于网络书店的降价竞争，导致大众图书市场中下游的平均毛利润下降了 5%，整个行业损失的利润约为 15 亿元。针对图书价格出现的问题，该规则规定：新版图书出版一年内，进入零售市场时，须按图书标定的价格销售，不得打折销售。在特殊情况下，零售商可以进行优惠促销，但优惠价格不得低于版权页定价的 85%。该规则规定了对违反规则的供货商和零售商的六项处罚措施，包括“建议供货商和零售商减少或终止与其业务往来”、严重时“建议行政部门给予暂缓通过年检或不予年检的处罚”等。因该规则的内容与《反垄断法》《价格法》相悖，阻碍了网上书店与实体书店之间的自由竞争，后被发改委叫停。2012 年，中国出版工作者协会、中国书刊发行业协会、中国新华书店协会又起草《关于豁免新版图书出版发行纵向协议的规定》（试行），从“建立科学、公正、合理的图书定价体系”“新版图书（出版 12 个月之内）固定销售价格”“设定新版图书优惠销售最低价格”“对各类

① （2018）最高法行申 4675 号。

书店统一供货折扣”等四个方面做出规定。该修改后的规则除报请发改委审批之外，还要征求消费者协会的意见，最终将根据各方意见修改完善。时至今日，该规则并未通过审批。2021 年 12 月 28 日，国家新闻出版署印发了《出版业“十四五”时期发展规划》，其中明确提出“加强出版物价格监督管理，推动图书价格立法，有效制止网上网下出版物‘价格战’，营造健康有序的市场环境”。图书价格立法还有待理论上的支持与实务部门的推动。

以上的案例表明，反垄断法执法机构采用的是本身违法的分析思路，即有证据证明存在转售价格维持协议，然后考察是否满足豁免条件，如果不满足豁免条件就会被处罚。最高人民法院对海南裕泰公司案的处理会进一步强化反垄断执法机构的这种分析思路。但这些典型的执法案例都有一个显著的弱点，就是对转售价格维持的非法性缺乏必要充分的论证。前已述及，转售价格维持有可能用于防止搭便车，激励经销商提供更优质的服务。通过限定转售价格，使经销商之间不进行价格竞争而进行服务竞争，有可能利于提升消费者福利。生产商是否不正当地维持了高价格，还有待更扎实的实证分析。

强生案中上海市高级人民法院和格力空调案中广东省高级人民法院的思路与反垄断执法机构明显不同，其采用的是合理原则，要求先证明限定转售价格的协议“排除、限制了竞争”，然后才可以被认定为垄断协议，否则就不属于垄断协议。而要证明“排除、限制了竞争”，需从经营者在相关市场的市场地位、相关市场的竞争状况、消费者的选择权是否受到限制等方面举证。潜在的逻辑前提是在一个竞争不充分的市场上具有支配地位的经营者所实施的转售价格维持才能被认定非法，而一个经营者是否具有市场支配地位，则要从相关市场的范围、供给与需求是否可替代、经营者的财力和技术条件、市场进入的难易等多方面进行考察。这相当于构建了一个法院自己的证明标准，即具有市场支配地位的经营者所实施的转售价格维持是非法的。但这一证明标准并不具有明确的法律依据。

5.3 我国现行转售价格维持法律制度

在《反垄断法》实施 14 年之后，2022 年 6 月 24 日第十三届全国人民代表大会常务委员会第三十五次会议通过了《关于修改〈中华人民共和国反垄断法〉的决定》，关于垄断协议相关规定的具体修订内容是：将原第十三条第二款作为第十六条，第一款作为第十七条；将第十四条作为第十八条，增加二款，作为第二款、第三款："对前款第一项和第二项规定的协议，经营者能够证明其不具有排除、限制竞争效果的，不予禁止。经营者能够证明其在相关市场的市场份额低于国务院反垄断执法机构规定的标准，并符合国务院反垄断执法机构规定的其他条件的，不予禁止。"增加一条，作为第十九条："经营者不得组织其他经营者达成垄断协议或者为其他经营者达成垄断协议提供实质性帮助。"

修订后的《反垄断法》将原第十三条第二款单独作为一个条文，并将其作为第二章"垄断协议"的首个条文，解决了垄断协议概念的统一性问题，不论是第十七条的横向垄断协议还是第十八条的纵向垄断协议（即转售价格维持），均明确指排除、限制竞争的协议、决定或者其他协同行为。同时第十八条增加的两个条款考虑了转售价格维持的积极效果，在经营者能够证明其不具有排除、限制竞争效果的情况下不予禁止，并且当经营者的市场份额低于某标准时，推定转售价格维持不具有排除、限制竞争的效果，则不予禁止。

现《反垄断法》第十八条第二款适用于经营者有证据证明转售价格维持不具有排除、限制竞争的情形，第三款规定的条件则被称为转售价格维持的"安全港"，即当经营者的市场份额低于某个标准时其将会是安全的，不会因实施转售价格维持而被处罚。将这两个条款结合起来看就是：不论经营者的市场份额是多少，只要经营者能证明其实施转售价格维持不会排除、限制竞争就可以继续实施；如果经营者能证明其市场份额低于某个法定标准，则无需分析对市场竞争的影响而直接推定其实施转售价格维持不会排除、限制竞争；如果经营者的市场份额超过某个法定标准，只要经营者能证明其实施转售价格维持不会排除、限制竞争，则不予禁止。这里暗含的逻辑是当经营者的市场份额低于某个标准时实施转售价格维持确定不会排除、限制竞争，当经营者的市场份额高于某个标准时实施转售价格维持也可能不会排除、限制竞争。由此引申的问题是：转售价格维持对市场竞争的影响何以跟市场份额相关？或者说市场份额何以跟市场竞争相关？经营者何以证明其转售价格维持不会排除、限制竞争？对这些问题的回答，有赖于对"排除、限制竞争"的内涵确定。

5.3.1 "排除、限制竞争"的内涵

《反垄断法》是保护竞争的法律。何谓竞争？各国反垄断法均未给出明确的界定。一般认为，经济领域内的竞争是市场主体间通过较量争夺资源的行为

或活动，既可以指一种市场状态，也可以指一种市场行为。经济学对竞争的研究比较看重市场结构。古典经济学对竞争的研究着眼于完全竞争的市场结构，将每个市场主体视为原子式的存在，每个市场主体的力量都比较弱小，没有影响整个市场的能力，只能在同行的压力之下，靠公平竞争获取利润。市场经济早期的市场结构比较接近完全竞争。当时工业尚不发达，企业的组织形式较为简单，每个企业的经济实力都不大。在这样的市场结构下，法律与竞争之间几乎不存在关联。但是随着工业化的不断发展，企业的规模化生产越来越普遍，加上公司制度的完善，企业规模越来越大，企业的竞争模式或竞争手段均发生了改变，市场的竞争秩序也随之发生了变化。较大的企业更有能力创新，能在竞争中获取更多的资源或回报，弱小企业在竞争中越来越处于不利地位甚至被迫退出市场，市场结构已不同于完全竞争结构。法律如何介入竞争而有所作为？首先要回答的问题是什么样的竞争才是有效的、值得保护的竞争。哈佛学派的答案是能够阻止经营者提高价格的市场结构就是有效的市场结构，存在于这种市场结构中的竞争是有效的竞争。经营者在这种市场结构中通过扩大产量、降低价格等方式实现利润最大化，消费者在供应量与价格上得到了充分满足，因此，这种市场结构是有利于消费者利益的。如果有经营者通过打破这种市场结构而获得提高价格的能力以求得利润最大化，那就是在损害消费者福利，因为消费者支付了更高的价格。所以哈佛学派主张维护竞争性的市场结构，并且通过维护市场结构来维护市场的竞争性。破坏竞争性市场结构的行为应成为反垄断法规制的对象。芝加哥学派则从效率价值出发，认为虽然通常情况下竞争性市场结构有利于增进效率，但如果经营者打破竞争性市场结构却提升了效率，并且因效率提升而增进了消费者利益，则不应再拘泥于保护竞争性市场结构。据此，反垄断分析应当从两个层面展开：首先，破坏竞争性市场结构的行为应被认定为垄断行为，以保护竞争性市场结构，保护消费者利益；其次，如果能够证明该行为虽然破坏了竞争性市场结构但是却提升了效率则应被认定为合法。因此，反垄断法所要维护的竞争，是"市场的竞争性，即竞争性的市场结构"；所谓"排除、限制竞争"，是指"破坏竞争性市场结构、给当事人带来提高价格的能力"[①]。如果经营者的行为只是限制了市场上的竞争活动，但并不足以使经营者提高价格或使其具有提高价格的可能性，则不足以消除市

① 许光耀．转售价格维持案件中垄断行为的识别：兼评新《反垄断法》第 18 条 [J]．法学评论，2023 (3)：72.

场的竞争性，就不构成垄断行为。具体到垄断协议，应该是指“对竞争者的竞争活动产生限制，并可能由此破坏相关市场竞争性结构的协议”。①

我国已有的转售价格维持案例之所以出现执法与司法方面的冲突，根源在于对“排除、限制竞争”产生了不同的理解和解释。《反垄断法》第十八条第一款中指向某一具体经营者的竞争活动或经营行为，着眼于品牌内经销商之间的竞争，但是品牌内经销商只是其所在相关市场的部分经营者，并不是相关市场的全部经营者，限制品牌内经销商之间的竞争并不必然限制其所在相关市场的竞争，即相关市场的竞争性结构并不必然会被破坏。格力空调案中法院强调了格力家用空调所在的相关市场还存在其他品牌供消费者自由选择，相关市场的竞争并未因格力空调的转售价格维持而受影响。品牌内的竞争不同于相关市场的竞争，品牌内竞争被限制，并不影响相关市场的竞争秩序，也不影响相关市场整体上的竞争性结构。沿着这样的逻辑，可以把“排除、限制竞争”中的“竞争”分为两种情况，一种是品牌内竞争，指向同一品牌的部分经营者的竞争活动；另一种是相关市场的竞争，指向品牌间相关市场的竞争性结构。转售价格维持不同于横向垄断协议的特点在于其涉及品牌内竞争和品牌间竞争，对“排除、限制竞争”的考察应从这两个市场维度进行。

转售价格维持对生产商和经销商所处相关市场的品牌内竞争和品牌间竞争的影响并不相同。转售价格维持的双方当事人分属不同的市场，生产商从事批发业务，经销商从事零售业务，两种业务之间不具有可替代性。生产商所处的相关市场为所有与之展开竞争的替代性产品市场，处于生产流通环节的上游；经销商所处的相关市场为所有经销商销售的竞争性产品市场，处于生产流通环节的下游。竞争只存在于具有竞争关系的当事人之间。转售价格维持的当事人之间不具有竞争关系，其对竞争的影响，只能是要么破坏上游生产商之间的竞争性结构，要么破坏下游经销商之间的竞争性结构。就经销商之间的竞争性结构而言，其既包括品牌内经销商之间的竞争，也包括品牌间经销商之间的竞争，并且品牌内的竞争只是经销商之间竞争的一部分，并不是全部；限制品牌内的竞争，并不必然产生限制品牌间竞争的效果。那么，对转售价格维持“排除、限制竞争”的考察，应分别在上游的生产商所处的相关市场以及下游经销商所处的相关市场进行，对相关市场的结构进行定性，对竞争状况进行分析。

① 许光耀．转售价格维持案件中垄断行为的识别：兼评新《反垄断法》第18条[J]. 法学评论，2023（3）：72.

如果相关市场的竞争性结构依然存在，市场竞争充分有效，则不应当认定满足了垄断协议“排除、限制竞争”的条件，转售价格维持不应被法律禁止。而在满足垄断协议“排除、限制竞争”条件的情况下，转售价格维持在很大程度上也是“充当垄断行为的工具，间接达成破坏市场竞争性的结果，这时真正的垄断行为是其所服务的垄断协议或支配地位滥用行为”①。那么对转售价格维持的规制就转化为对横向垄断协议或者滥用市场支配地位（包括相对优势地位）行为的法律规制。对品牌内经销商转售价格的限制，是否有必要以及如何进行法律上的规制应当寻求其他正当性依据，尤其是当上游生产商利用其相对优势地位单方强制限定下游经销商的转售价格时，市场的竞争性结构可能并未被破坏。

5.3.2 安全港规则及其适用

安全港的本意是为船舶安全抵达、停靠、驶离提供便利的港口。“安全港”一词用在法律领域指法律的例外情形，即本来属于法律禁止的行为，一旦满足“安全港”条件就可以豁免，不再受到惩罚。这就相当于在法律上为某种行为划定了“安全区”。反垄断法为转售价格维持设置安全港规则，为市场主体确立了合法与非法的边界，为市场主体的合规行为提供了明确指引，同时增加了反垄断执法机构的执法透明度，降低了执法成本。因转售价格维持的双面性决定了反垄断执法机构在具体案件中的工作难度，如果将那些不具有明显排除、限制竞争效果的垄断行为全部纳入反垄断审查的范围，会造成行政执法资源的浪费。在商业实践中，生产商与经销商之间正常的合同纠纷甚至可能被恶意转化成反垄断民事纠纷，增加司法裁判的压力与负担。设置安全港规则，可以过滤掉那些不具有明显危害性的行为，使执法机构能够将更多精力用在重要的垄断问题上。从大的方面看，安全港规则的设定是减少政府干预市场行为的重要举措。市场经济的自由竞争导致垄断，反垄断是政府对市场竞争的规制。政府的规制依据是反垄断等法律，但是垄断界定的泛化以及不同的经济学理论均增加了反垄断规制的不确定性。过分严苛的规制会抑制经营者参与竞争的积极性，使经营者畏首畏尾，使市场失去活力；而过分宽松的规制又会使反垄断工作流于形式，并不能真正发挥作用。安全港规则在严苛与宽松之间寻求平衡，

① 许光耀．转售价格维持案件中垄断行为的识别：兼评新《反垄断法》第 18 条［J］．法学评论，2023（3）：73.

“容忍”一些垄断危害较小的行为，使经营者事前预测、评估其决策的风险与合规性，激励市场主体在合规框架下积极大胆创新与竞争，以形成良好的市场竞争环境。

安全港规则建立在这样的逻辑基础上：市场份额较低的经营者所实施的转售价格维持对相关市场竞争的影响极其有限，没有必要对其进行规制。换而言之，市场份额较低的经营者在相关市场上的影响力较小，其实施转售价格维持并不能对其他竞争者产生示范效应，不会引起近似于横向垄断协议的效果。这一结论可以采用产业经济学中的结构主义分析范式（又称 SCP 分析范式）进行推演。结构主义直接揭示了以市场集中度和进入壁垒为主要衡量指标的市场结构和市场绩效之间的经验性关联，这使其成为反垄断政策的重要理论依据①。依据结构主义的理论假说，市场结构可以分为四种基本类型：完全竞争型市场、完全垄断型市场、垄断竞争型市场和寡头垄断型市场。其中完全竞争型市场的集中度很低、产品同质、市场信息完备、市场进入与退出无壁垒，现实中并不真实存在，只有农产品市场与之较为接近。完全垄断型市场的产业集中度为 100%、没有任何替代品、市场进入与退出壁垒均很高，一般存在于自然垄断行业。垄断竞争型市场的产业集中度不高、市场内存在较多企业、产品之间存在差别并且具有可替代性、市场进入与退出的壁垒较低，存在于现实中的多数产品或服务市场，属于竞争性市场结构。寡头垄断型市场的产业集中度很高，一个行业被少数几个企业控制，每个企业规模都很大，企业之间在技术、产品等方面存在激烈竞争，市场进入与退出的壁垒很高。在寡头垄断型市场，由于企业数量较少，企业之间采取一致行动的协调成本较低，容易产生企业间的共谋行为，比如横向垄断协议，其结果是削弱了市场的竞争性，破坏了资源配置的效率。在完全垄断型市场，一个企业独占某一市场，容易产生滥用市场支配地位行为。结构主义理论的核心是市场结构决定市场行为，市场行为决定市场绩效。有效的反垄断制度应该能带来竞争的结构和竞争的行为，使市场结构为促进竞争的市场行为创造条件。在这种理论影响下，反垄断执法机构的重心在于维护市场结构，对寡头垄断型市场与完全垄断型市场比较警惕，往往采用禁止合并、拆分等方式直接作用于市场结构，以形成和维护竞争性市场结构。SCP 分析范式还有一个隐含的结论是：在一个垄断竞争的市场，不同企业之间的产品在质量、外观、商标、售后服务、声誉等方面存在差别，但产

① 马丁．高级产业经济学［M］．史东辉，译．上海财经大学出版社，2003：10.

品的用途或功能方面具有可替代性等，企业的行为能否对市场竞争产生影响，要视企业的市场份额而定，因此，企业的市场份额是企业在相关市场中的地位的重要衡量指标。当企业的市场份额较低时，企业在相关市场没有控制力，既不能控制市场的进出，也不能控制交易条件，其经营行为对市场竞争产生的影响很小，不会严重限制市场竞争，甚至对市场竞争不会产生影响。美国通过长期的执法和司法实践发现，特定协议所涉及的相关市场份额低于一定阈值不会显著影响竞争，反而还可能产生促进竞争的效果，继而将这样的实践经验融入安全港规则，简化了合理原则的适用①。相当于当经营者的市场份额低于特定阈值时，安全港规则可以自动适用，大大简化了执法成本。

我国《反垄断法》规定经营者能够证明其在相关市场的市场份额低于法定标准并符合国务院反垄断执法机构规定的其他条件时，对其所实施的转售价格维持不予禁止。即安全港规则的初始举证责任在经营者，需要经营者证明其市场份额的大小并且证明其满足监管机构规定的其他条件，才可以享有不被禁止的法律待遇。如果说本身违法原则是对转售价格维持竞争效果的负面推定，合理原则是对其竞争效果的中性推定，那么安全港规则就是对其竞争效果的正面肯定。“这是反垄断法对过度威慑的反思和调整。”② 安全港规则对转售价格维持竞争效果的积极推定，有助于降低假阳性错误。我国《反垄断法》将市场份额举证责任分配给经营者，是在执法信息成本和错误成本之间进行权衡后，将信息成本分配给了经营者。因为反垄断执法机构须收集与案件相关的充分信息，才能做出正确的执法决定。如果信息收集过少，可能会带来规制过度或者规制不足的问题。在本身违法原则下，由于法律已经对行为进行了定性，执法机构的核心任务是收集某种行为存在的信息，信息收集成本相对较低，但是错误成本也随之提升。因为本身违法原则的适用较为苛刻，一旦将没有竞争损害的行为定性为违法，则会产生过度威慑的问题。而在安全港规则下，适用错误可能会导致将原本具有竞争危害性的行为认定为合法行为，产生规制不足的问题。就转售价格维持而言，《反垄断法》第十八条第二款和第三款表明，我国事实上已经形成了“本身违法＋竞争抗辩＋安全港抗辩＋例外豁免”的多重规制体系③。即在我国的安全港规则适用过程中，存在经营者抗辩环节。经营者

① 马栋．我国反垄断法安全港规则产生的新问题与完善方向［J］．竞争政策研究，2023（3）：53.
② 王慧群．中国垄断协议安全港规则的立法逻辑：信息成本的视角［J］．法学家，2023（1）：61.
③ 同②：68.

在初期调查阶段，可以就其自身的市场份额或其他条件进行举证。若举证有效，则可以推定其转售价格维持协议不具有排除、限制竞争的效果；若举证无效，则有关市场份额及竞争影响的举证责任转移至执法机构；若执法机构获取的证据证明案涉转售价格维持协议落入安全港之外，则经营者可以依据《反垄断法》第十八条第二款就竞争效果进行抗辩；若经营者无法有效抗辩，则属于“原则禁止”的转售价格维持。是否被禁止，还要看经营者是否符合豁免条件。如果符合豁免条件，则即使转售价格维持排除、限制了竞争，但由于程度不严重，且能够使消费者分享由此带来的利益，也不被禁止。

安全港规则适用的市场份额还需要进一步明确。我国《反垄断法》修订之前，为提高执法效率，在《禁止垄断协议行为的规定（征求意见稿）》中引入了安全港规则，但最终却删除了市场份额条款。2019 年 1 月 4 日，国务院反垄断委员会印发的《国务院反垄断委员会关于知识产权领域的反垄断指南》第十三条规定了安全港规则，将具有竞争关系的经营者在相关市场的市场份额阈值设定为 20%，将实施纵向协议的经营者在相关市场的市场份额阈值设定为 30%。并且，如果经营者在相关市场的份额难以获得或者不能准确反映其市场地位，则以四个或四个以上的具有实质替代关系的技术作为判断阈值。《反垄断法》修订时并未将安全港规则单独作为一个条文，而是放在了纵向垄断协议条款之下，意味着在横向垄断协议中不存在安全港规则适用的空间。随着《反垄断法》的修订，《禁止垄断协议规定》也进行了修订。在《禁止垄断协议规定》征求意见稿中，曾将经营者在相关市场的 15%份额设定为阈值，但在最终正式发布的文本中未出现市场份额的具体阈值，具体标准仍待市场监管总局确定。未来市场监管总局确定具体标准后，还须规定更明确的其他条件，才能使反垄断执法机构在个案中有更明确的依据。即我国《反垄断法》规定的安全港规则，市场份额标准并不是唯一确定的标准，还需要满足其他条件，即使经营者的市场份额落入安全港，也仍旧存在违法风险。至于其他条件究竟指哪些条件，目前并不清晰，理论上应当是同转售价格维持有关的影响市场竞争效果的条件。这些条件的设定直接影响到安全港规则是否能实际落地，影响到企业经营行为的合规性。如果这些条件是要求经营者就有关的竞争效果承担举证责任，相当于重复评价已经落入安全港的转售价格维持，不仅破坏经营者的预期，使安全港规则模糊化，还很可能从根本上否定安全港规则。因此，应尽可能简化安全港规则，通过单一的市场份额阈值设置安全港，使安全港真正安全。

安全港规则的适用须确定相关市场。只有确定了相关市场，才可以确定经营者的市场份额。相关市场的范围大小取决于商品（地域）的可替代程度，这种可替代性要从供给可替代、需求可替代及潜在竞争等方面进行分析。在市场中能够对经营者构成直接和有效竞争约束的，是市场里那些能够满足需求者要求的其他替代性商品的供应者。其他替代性商品的供应者改造生产设施投入的成本、承担的风险、进入目标市场需要花费的时间等，是从经营者角度确定商品之间的可替代程度的重要参考。一般而言，其他经营者转产投入越少，承担的产业转换风险越小，进入目标市场的时间越迅速，则供给的替代性程度就越高。需求可替代性，则是从需求者的角度，从商品的功能、用途、质量、价格以及获取的难易程度等方面综合考虑商品是否能够满足需求者的要求。原则上，商品之间的可替代性越强，竞争关系就越强，就越可能被归入一个相关市场。在反垄断实践中，可以使用不同的方法界定相关市场。从商品的特征、用途、价格等方面进行需求替代分析是最主要的方法，必要时也可以采用供给替代分析方法。从需求替代角度界定相关商品市场，主要考虑的因素是：①当商品价格或其他竞争因素变化时，需求者转向或者考虑购买其他商品的情况；②当商品的外形、特性、质量和技术特点等总体特征和用途表现出差异，需求者仍基于用途的相通或者相似而将其视为紧密替代品；③商品之间的价格比较接近并且价格变化趋势一致；④商品的销售渠道相同或者相近，即通过相同的销售渠道能够购买相关商品；⑤其他重要因素，主要是需求者对商品的依赖程度，转换需求的障碍、风险和成本，是否存在区别定价等。从需求替代的角度界定相关地域市场，需要考虑商品需求者因价格或其他因素而转向其他地域购买的可能、商品的运输成本、销售区域以及地区间的关税、地方性法规、环保因素、技术因素等。从供给替代的角度界定相关地域市场时，一般应考虑其他地域的经营者对商品价格变化作出反应的情况，以及其他地域的经营者供应或销售相关商品的可行性和即时性。《国务院反垄断委员会关于相关市场界定的指南》规定了假定垄断者测试的分析思路。依据这种思路，需借助经济学工具获取相关数据，进而确定出假定垄断者能够将价格维持在高于竞争水平状态时的最小商品集合和地域范围，从而界定相关市场。但是假定垄断者测试确定相关市场时所选取的基准价格为充分竞争市场的当前市场价。而在一个非充分竞争的市场，尤其是存在经营者有滥用市场支配地位行为时，经营者的当前价格会明显偏离竞争价格，此时再选择当前价格作为基准价格就会得出不合理的结果。科学的做法是对当前价格进行调整，使用更具有竞争性的价格。但是更具有竞争性价格的确定又会成为一个新的难题。总之，安全港规则的适用并非一蹴而就，还需要更细化的规定及更成熟的相关市场确定标准。

5.3.3 我国现行转售价格维持法律制度的不足

引入安全港规则之后的转售价格维持制度，并未对经营者限制品牌内经销商转售价格的行为在法律规制方面给出正当性依据，尤其是当上游生产商凭借其相对优势地位单方面强制限定下游经销商转售价格的情形下，这一问题更为凸显。我国转售价格维持立法之所以产生解释上的分歧与实施中的困境，除立法技术方面的原因之外，未明确转售价格维持法律规制的价值取向、未明确规制单边政策型转售价格维持以及未对特殊领域的转售价格维持做出除外性规定是主要的原因。

（1）未明确转售价格维持法律规制的价值取向

在我国的理论与实践中，围绕《反垄断法》里垄断协议相关规定产生的争议，表面上体现为本身违法原则与合理原则的分歧，本质上则是价值取向的差异。所谓本身违法原则是指因某一特定行为所具有的明显限制竞争的效果而在法律上规定其违法，在具体案件中只要确定有该行为的存在，无需对行为是否具有合理性进行分析就可以径直认定行为非法；合理原则是指某一特定行为是否违法，需要考虑很多的因素并进行不同价值标准的考量。本身违法原则和合理原则是美国法院在反托拉斯实践中所形成的两项非常重要的法律适用原则。《谢尔曼法》第 1 条过于绝对并且过于原则的规定是合理原则产生的根源。《谢尔曼法》第 1 条禁止“任何形式”的贸易限制行为，这给实务界适用该条规定带来了极大困惑。因为单从字面上理解，《谢尔曼法》针对的是所有限制贸易的协议，但是协议的本质就是限制，没有限制性内容就没有协议的存在。如果将所有包含有限制内容的协议都视为对竞争的限制与排除，会导致《谢尔曼法》背离其立法目的。法官在司法实践中为改变该条僵化的内容所带来的可能不公正的后果而对其进行了限缩性解释，认为不能机械地解释法律条文，《谢尔曼法》所禁止的应当是不合理的限制性协议，对于那些合理的限制性协议不应禁止，后来发展成了合理原则。在“标准石油公司案”中，联邦最高法院明确表示，《谢尔曼法》第 1 条所禁止的仅仅是不合理的限制。Chicago Bd. of Trade v. United States 案确立了合理原则的内容并一直持续至今①。具体到转售

① 李剑．横向垄断协议法律适用的误读与澄清：评“深圳有害生物防治协会垄断案”[J]．法学，2014（3）：131－132.

价格维持行为，从 Dr. Miles 案对零售商交易自由的保护、Colgate 案对生产商交易自由的保护到 Leegin 案对效率价值的追求，表面上是本身违法原则与合理原则之争，实质上是价值取向上的分歧。合理原则的价值取向是效率，而本身违法原则的价值取向则是效率之外的自由或公平。

我国的司法部门受到美国 Leegin 案的影响，但对转售价格维持促进竞争的经济效果所需要的条件及其限制竞争的范围不清楚，从而模糊了效率价值与竞争自由价值。我国的执法部门从法律文本出发，对转售价格维持适用本身违法原则，但其价值取向是模糊的。反垄断法的价值涵盖形式价值和实体价值，其中形式价值主要指秩序性价值，而实体价值又进一步分为工具性价值和目的性价值。竞争是反垄断法的首要价值，但竞争并不是反垄断法的终极追求，竞争只是手段，通过竞争能够达到更高的价值，如自由、公平与效率。因此，竞争是反垄断法的工具性价值①。通常，竞争意味着效率，但竞争并不必然产生效率，如不正当竞争行为会损害效率。竞争自由是竞争基础上的自由，其相对于效率具有更高的价值。在两者发生冲突时，应优先保护竞争自由。我国在转售价格维持规制原则方面存在的分歧，本质上是效率价值取向与竞争自由价值取向的分歧。如果追求效率价值，那么转售价格维持的经济分析所证明的其在提升效率方面的作用便会支持对其实行合理原则；如果追求竞争自由价值，那么转售价格维持无疑限制了零售商的交易自由，也就限制了其根据自身所处经济环境决定以何种价格参与竞争的自由，那么就应该对其实行本身违法原则。大陆法系国家，在立法上追求确定性。我国《反垄断法》是以欧盟竞争法为蓝本制定而成，无论从立法的本意还是从法律条文的表述，都严厉禁止转售价格维持。如果在现有的条文框架下，以效率价值代替竞争自由价值，则必然出现矛盾与分歧。

（2）未明确规制单边政策型转售价格维持

我国生产商层面存在激烈的竞争，商品分销体系比较复杂，品牌商品被假冒的现象比较常见。多数品牌商品生产企业建立了多层级的分销体系。通常生产企业会将商标权与商品的销售进行捆绑，以品牌代理的形式逐步拓展商品的销售地域范围。具体来讲，生产企业首先确立全国性的销售商或批发商，然后是省、市、县、乡等与行政区划挂钩的分销商。分销体系的复杂性与商品被假冒的风险迫使生产商通过转售价格维持的方式维护商品的价格体系并进行商品

---

① 叶卫平．反垄断法的价值构造［J］．中国法学，2012（3）：138.

质量的保证与证明。因此，我国的转售价格维持多由品牌生产商主导，单边政策型转售价格维持较为普遍。另外，我国商业实践中的跟风模仿现象比较严重，导致转售价格维持在同行业中覆盖率较高。而转售价格维持对整体市场竞争造成损害的情形有两种：一是实施转售价格维持的生产商必须形成对销售市场的垄断，二是市场上实施转售价格维持的生产商较多[①]。我国的商业实践恰恰同时出现了这两种情形，不仅损害了市场的整体竞争，也损害了消费者利益。因为实证研究表明，转售价格维持提高了商品价格。这似乎也是个显而易见的问题。生产商要求以固定价格或不低于某一价格进行销售，这恰恰反证了销售商总有以低于固定价格的价格或最低价格销售的冲动。因为如果没有该价格限制，零售商所定商品的价格必定低于固定价格或最低价格。虽然转售价格维持保证了零售商的最低利润，但生产商主导的转售价格维持主要体现的是其自身利益，该利益可能与零售商的利益存在冲突，而零售商之所以接受生产商的限制，一个重要的原因是生产商对品牌的控制及其所表现出的相对优势。若市场上实行转售价格维持的厂商比例较小，厂商及零售商的高利润会引致其他厂商进入，除非市场准入门槛较高。高利润反而刺激了品牌间竞争，从整体上看是有利于市场竞争的。若市场上实行转售价格维持的生产商比例较大，则会导致行业内大面积价格固定与僵化，对消费者利益的损害甚为明显。

我国的转售价格维持多与地域限制、授权经营等内容相结合。锐邦诉强生案，汽车案，茅台、五粮液案查明的事实均如此。地域限制是指交易相对人只能在已经划定的特定的区域进行销售的限制行为。通常制造商或供应商会要求下级零售商只能在一定的行政区域内销售产品，不能在划定的地域范围以外销售。地域限制的目的是让零售商在划定的地域范围内取得独家经营的权利，激励零售商努力销售产品。在制造商的产品多样化的情况下，制造商往往通过对产品进行分类授权经营的方式将其产品的经销权分配给分销体系内的零售商。地域限制虽然具有限制品牌内竞争的效果，但其明显具有促进品牌间竞争的效果。分类授权经营则不仅能够使品牌内的不同类产品之间存在竞争，而且有利于品牌间产品的竞争。因此，地域限制与授权经营原本能够促进竞争。同时，纵向一体化及其他纵向约束可以降低生产链内部的协调成本问题，达到或接近一体化的效果，最终导致价格下降，增加生产者和消费者剩余。

---

① HOVEMKAMP H. Intrabrand restraints on distribution [M]. Federal antitrust policy (second edition). (1999). 转引自李剑，唐斐．转售价格维持的违法性与法律规制 [J]. 当代法学，2010 (6)：114.

转售价格维持与地域限制、授权经营的结合是生产商或供应商相对优势的滥用。不同的纵向约束是能够相互替代的，厂商的偏好往往有不同的原因。竞争政策应正视不同的纵向约束的可替代性。实践证明，如果禁止地域限制条款，转售价格维持将毫无意义；同样，如果禁止转售价格维持但却允许地域限制，那么地域限制能取得与转售价格维持相类似的效果。如果不允许地域限制，也不允许转售价格维持，那么纵向一体化能带来相同的结果①。在转售价格维持与地域限制及授权经营相结合的情况下，同一地域内的品牌内竞争可能较弱，品牌间竞争亦受到较大的限制。如果市场的集中度较高，来自其他品牌的竞争力较弱，则生产商处于绝对优势，消费者需要承受较高价格。如果市场的集中度不高，来自其他品牌的竞争力较强，则零售商会有较大的动力以低于被限定的价格销售产品，但生产商对价格的限定阻止了零售商降价的可能。生产商利用的正是其产品与其他品牌产品的差异所形成的品牌相对优势。因此，转售价格维持与地域限制及授权经营的结合主要是生产商单边意志的体现，并非生产商的合谋或零售商的合谋，是生产商对自身相对优势的滥用。

我国《反垄断法》以垄断协议的形式规制转售价格维持，对生产商利用相对优势实施单边政策型转售价格维持的行为未予以明确规定，导致司法与执法实践过分关注协议的存在及协议的效果评价，忽视了单边政策型转售价格维持本身对法律价值的损害，从而引发了法律实施中的困惑。协议，通常为共同行为，各个意思表示是平行的，其需求是相同的。不论其是否具有法律上的约束力，事实上导致了共同行为的意思表示。从意思表示的一致性上说，契约与协议并无不同，效果上均可以形成对当事人的约束。从行为的一致性上说，转售价格维持协议的双方均实施了违法行为，均应承担法律的不利后果。而我国既有的案例多数只惩罚上游的供应商，或只认定上游供应商的行为违法，却并未对协议的另一方采取法律措施。从表面上看其依据是单纯的垄断协议的规定，但其事实上却不得不与滥用市场支配地位的有关规定相关联，从而引发了争议。究其原因，就在于我国《反垄断法》未对单边政策型转售价格维持进行明确规定，有关滥用相对优势地位的规定过于原则与抽象，未明确将转售价格维持行为涵括进去。

（3）未对特殊领域的转售价格维持做出除外性规定

茅台、五粮液案之所以有较大的争议，是由产品的性质引起的。茅台、五

① 莫塔．竞争政策：理论与实践［M］．沈国华，译．上海：上海财经大学出版社，2006：277.

粮液作为高端白酒，是一种接近于奢侈品的产品，不同于一般的白酒类产品。消费者对奢侈品的需求综合了身份、心理、品位等多种要素，奢侈品的价格是满足消费者特种需求的要素之一。基于奢侈品的价格特点，对其应做出例外性规定。汽车业是国民经济支柱产业，在促进经济增长、技术创新、就业与社会发展等方面发挥着重要作用。同时，由于汽车业产业链长，上中下游业务类型多样，市场竞争秩序是发挥市场资源配置作用、促进汽车业的健康发展、维护消费者利益和社会公共利益的重要保障，而汽车业的转售价格维持又较为普遍存在，对汽车业的转售价格维持进行特别规定就成为重要的议题。另外，我国图书领域中的多渠道搭便车问题比较严重，各种销售渠道之间的价格竞争导致了图书价格体系的混乱，实体书店利润的萎缩不仅影响其自身的生存，也影响城市文化及市民的文化生活。因此，图书行业也需要转售价格维持的例外性规定。

多渠道销售是指企业通过网络销售、电视销售、电话销售、邮购销售、实体店销售、自动售货机销售等多种方式向消费者推销产品和服务的销售方式。多渠道销售拓宽了消费者接触商品或服务的渠道，降低了消费者对传统实体店消费的依赖性，提高了消费者的多样化消费体验。因此，多渠道销售对消费者有利。对厂商而言，多渠道销售拓宽了其产品推广与销售通道，原则上有利于其利益的提升，但是对销售商而言，如果多渠道销售的价格不受控制并且渠道不可以共用，其固有的渠道收益水平可能会随着渠道的增多而下降。

具体到图书领域，图书的展示、内容介绍、阅读体验等会影响消费者的购买决策，若这一类的售前服务仅由部分销售商提供，消费者极有可能在提供这种售前服务的销售商处对商品进行了解与体验，然后到其他不提供这部分服务但价格相对低的销售商处购买商品，从而使提供服务的销售商所支付的成本或劳务被其他渠道的销售商“搭便车”。

在多渠道销售模式下，实体书店销售与网络销售、电视销售、电话销售、邮购销售等远程销售相比，其优势在于消费者可以接受面对面的服务及阅读体验，但其劣势也较为明显，主要体现在高昂的门店维护成本所产生的高价格。如今，大量实体书店经营者已经建立远程销售模式，通过综合运用多种渠道来提升运营效率。若不同渠道的销售价格差异较大，就会引发渠道的自我蚕食。此外，在这种情形下，实体书店的经营者希望借转售价格维持控制产品的价格体系，并通过价格彰显产品的正版品质。为解决不同渠道搭便车及自我蚕食问题，引入转售价格维持是有效的解决办法。但这样难免会对新兴的销售渠道的发展产生不利影响。究其原因，远程销售的优势在于价格，如果通过转售价格维持切断价格方面的竞争，则可能使远程销售面临严重困难。不过经营者具有更务实的商业智慧。为避免不同渠道之间的过度蚕食，出版商通常会要求销售商对渠道做出选择，并对线上和线下销售的图书进行区分与隔离，降低图书之间的可替代性，从而减少“搭便车”现象的发生。转售价格维持、渠道限制及图书的差异化处理，使不同渠道的销售商在价格方面的竞争减弱，进而使其将更多精力投入到产品的促销活动与服务水平提升上，为人们营造更好的文化环境。当然，因为我国出版体制的特殊性，图书发行业高度集中，图书的价格居高不下，影响了消费者购买图书的积极性。但图书价格高的根源在于出版发行机制，与转售价格维持的关联度不高。如果图书的定价不高，即使存在转售价格维持，也不会出现过高的零售价。

6 完善我国转售价格维持法律制度的思考

在我国，转售价格维持限制品牌内价格竞争的理论具有解释力，而共谋理论却缺乏解释力。这是因为我国的转售价格维持主要由生产商主导，体现的是生产商的单边意志。我国的转售价格维持多与地域限制及授权经营相关联，其根源在于生产商具有绝对优势或相对优势。在多渠道销售中，生产商实施转售价格维持所产生的防止“搭便车”及质量证明的效应比较显著。借鉴其他国家的立法及司法经验，结合我国《反垄断法》存在的问题，针对我国转售价格维持的法律规制工作，应明确其价值取向，将单边政策型转售价格维持作为滥用相对优势地位行为加以对待，对特殊领域的转售价格维持在立法上进行明确的除外性规定，以期发挥其积极作用，抑制其消极效果。

6.1 转售价格维持的法律规制应有明确的价值导向

各国法律对转售价格维持的规制态度并不相同，这些不同规定的背后有着更深层次的原因——价值取向。价值问题虽然是一个复杂的问题，但它是法律、科学所不能回避的。即使是最粗糙、最草率的或最反复无常的关系调整或行为安排，在其背后总有对各种相互冲突或相互重迭的利益进行评价的某种准则[①]。一种法律制度有无价值及价值的高低，既取决于这种法律制度的性能，又取决于一定的主体对这种法律制度的需要，还取决于这种法律制度能否满足一定主体的需要以及满足的程度。反垄断法在适用过程中会涉及许多经济因果问题，既复杂又不确定，“只有在基本价值及目标得到科学确定之后，反垄断

① 庞德．通过法律的社会控制：法律的任务［M］．沈宗灵，董世忠，译．北京：商务印书馆，1984：55．

法才能成为具有内恰性、确定性和可预见性的规范体系”。[①] 芝加哥学派对转售价格维持的积极效应的分析表明其支持效率价值取向，而民粹主义认为反垄断法的价值取向应为自由，强者的自由与弱者的自由均应获得保障，但是如果强者的自由限制了弱者的自由，法律必须首先保障弱者的自由。价值取向不同，对转售价格维持行为的规制目的不同，对行为的定性就会不同。

6.1.1 转售价格维持法律规制的价值选择：效率抑或竞争自由

法的价值包括三个方面的内容：一是法律本身的要素、功能，这是法的价值存在的客观依据或前提；二是社会主体对法的需要，如果没有主体的需要，法的价值就无从谈起；三是法律实践，这是法的价值得以实现的重要环节[②]。“怎样才能既不削弱联合行动的权利，又不剥夺个人自由权的价值；怎样才能既不限制联合行动的权利，又不破坏个别公民的自由权或政府的权利”[③] 是法的价值选择面临的难题。反垄断法的价值取向面临同样的问题。作为反垄断法中的制度之一，转售价格维持的法律规制也需要确定其价值取向。

（1）芝加哥学派的效率取向

效率价值在反托拉斯法上的体现，是通过反托拉斯法的适用或对反托拉斯法的解释实现的，并且与芝加哥学派的形成密切相关，最早可以追溯至 20 世纪 50—60 年代[④]。芝加哥学派形成之前，哈佛学派坚持古典自由主义学派的静态效率观，认为资源应配置给最有效利用资源的人，追求帕累托最优状态的实现，即对资源配置的任何改变都不可能使至少一个人的状况变得更好而又不使任何人的状况变坏。认为完全竞争的市场结构是获得效率的前提，只有完全竞争的市场所形成的长期竞争性均衡才能实现资源配置效率。在这种均衡状态下生产者的边际收益等于其边际成本，生产者实现利润的最大化，消费者的效用也实现了最大化。帕累托最优状态建立在一系列理论假设基础之上，其中不但涵盖完全竞争的市场结构，而且要求具备完全理性的经济人以及零交易成本等条件。而完全竞争的市场结构要满足四个条件：①市场上存在大量的买者和

① 胡甲庆．反垄断法的经济逻辑［M］．厦门：厦门大学出版社，2007：31.

② 张中秋，杨春福，陈金钊．法理学：法的历史、理论与运行［M］．南京：南京大学出版社，2001：240.

③ 庞德．通过法律的社会控制：法律的任务［M］．沈宗灵，董世忠，译．北京：商务印书馆，1984：59.

④ 叶卫平．反垄断法的价值构造［J］．中国法学，2012（3）：140.

卖者，任何一个买者或者卖者规模都不大，都没有力量控制市场价格，都是市场价格的接受者。②市场上每个厂商提供的商品都是同质的，即每个厂商提供的商品在各方面都不存在差别。③市场进入与退出自由，即买方和卖方可以自由进出市场，其所掌握的资源可以自由且无障碍地在市场上流通。④市场信息完全透明，即市场上的每个买者和卖者都掌握着与自己决策相关的全部信息，能够做出最优决策。显然，这样的市场结构只存在于理论建构中而不可能存在于经济现实中。帕累托最优理论对反垄断实践的指导意义在于尽可能维持或者创造接近完全竞争的市场结构，防止企业过大导致市场力量过度集中从而破坏市场竞争结构，对大企业始终保持警惕态度。因此，哈佛学派反对大企业，对企业合并所导致的经济力量集中持反对态度，对垄断行为的规制方法是结构主义的，即从结构上打破较为集中的市场结构，对大企业进行拆分，使拆分后的企业相互展开充分有效的竞争，对企业合并或兼并进行严格审查，防止企业合并或兼并导致市场结构变化而损害效率；对引起市场的竞争性结构发生变化的企业行为进行规制。具体到转售价格维持，结构主义的规制方法重点关注其对市场的竞争性结构是否产生影响，无论生产商所在的相关市场还是经销商所在的相关市场，只要市场的竞争性结构发生了变化，即认为损害了效率。

芝加哥学派秉持的是功利主义的自由放任理念，在新自由主义动态效率观的基础上，认为几乎所有的厂商行为都是有效率的，市场本身就具有抑制垄断势力的自我调节功能，在没有外力干预的情况下，企业自身是很难垄断市场的。因为垄断往往伴随着高利润，高利润意味着更多的市场进入方面的激励，有更多的市场进入者才有可能打破垄断。正是垄断者所获取的高额利润吸引着竞争者进入相关市场，而补充新的竞争者是打破垄断的重要路径。这意味着，即使是强大的生产商，其市场竞争行为也要受到其他生产商或潜在供应商以及消费者选择的影响。从长远看，适度集中的市场结构对竞争和技术进步可能更为有利①。动态效率观建立在动态竞争理论基础之上，是对完全竞争理论的反思与替代。前已述及，完全竞争理论与经济现实并不吻合，特别是工业革命完成以后，企业的组织形式和经营行为都发生了很大的变化，企业之间除价格和质量的竞争之外，产品的差异化也越来越显著，而产品的差异化建立在技术研发的基础之上。熊彼特基于此提出了创新的概念，认为创新是将新技术或新生

① 汤敏，茅于轼．现代经济学前沿专题（第三辑）[M]．北京：商务印书馆，1999：81.

产方法与原材料、企业组织形式重新结合而开发新产品，开拓新市场的过程。“完全竞争不但不可能而且效果不佳，它没有资格被树立为理想效率的典范。”[①] 克拉克将技术进步、新产品和新市场的开发、生产组织形式的变革等动态因素纳入竞争分析，认为竞争是无止境的动态过程，此过程实现了技术进步与创新。可以说，创新是动态竞争的固有属性，并且与完全竞争并不相容。动态竞争过程中所提升的技术水平，推出新产品的速度，以及技术改进的速度体现为动态效率。这种动态效率明显不同于资源配置效率。资源配置效率是完全竞争状态下资源配置所能达到的理想状态，而动态效率则强调不完全竞争状态下的产品和技术改进状况。新产品的推出、新技术的发展、新商业模式的应用均是动态效率的体现。依据动态效率观，转售价格维持在推广由新技术应用所开发的新产品上市方面具有积极效应，能够提升效率。

芝加哥学派认为真正的垄断是由政府干预引发的，如果引入公共权力控制垄断，实质上阻断了竞争所带来的高效率。何况公权力的介入也有成本，公权力本身不仅存在效率核算问题，还存在利益寻租问题。芝加哥学派的动态效率观，强调个体效率对社会资源的整体配置效率的作用，优先选择保护个体效率。芝加哥学派的代表人物波斯纳认为，通过自由交换或者市场交换，资源将被投入到最有价值的使用中，得到最优效率的利用，没有任何理由用反托拉斯法来达成与效率无关或者与效率相对立的目标，比如促进中小企业发展或收入分配公平的目标就不应该放在反托拉斯法的原则及程序框架下，经济学意义上的效率是反托拉斯法的唯一目标。竞争只是一个中间性目标，当垄断比竞争有更高的效率时，就没有必要反对垄断[②]。这种理论将成本与收益作为主要的论证基点，把收益大于成本作为追求目标或作为判断经济行为是否合理的标准，但是其并不考虑每一个市场主体是否都获得了相应的收益，也并不考虑这些收益在不同主体之间的分配是否公平。这种立论基点忽略了每个市场主体的不同情况，也掩盖了不同群体之间的利益冲突。具体到转售价格维持协议，如果采用动态效率标准，甚至不用考虑相关市场的竞争是否受到了影响，只要转售价格维持的收益大于成本，不论该收益在生产商与零售商之间的分配是否公平，均应视为提升了效率，从而应该允许其存在，不应由政府对其进行规制。

---

① 熊彼特．资本主义、社会主义与民主［M］．吴良健，译．北京：商务印书馆，1999：176.
② 波斯纳．反托拉斯法［M］．孙秋宁，译．北京：中国政法大学出版社，2003：2－3.

（2）民粹学派的自由取向

民粹主义认为，民粹派（又称干预派）认为经济效率只是实现垄断集团利益的幌子而已。效率是一个广泛而抽象的概念，其本身并不是精确可辨的，但是要追求高效率的结果就必须依赖竞争，这一点是毫无疑问的。个体效率是个别的、微观的效率，其与理性经济人的行动逻辑相一致，是理性经济人积极追求的目标，但个体效率会因为理性经济人的个体差异而产生高效率者与低效率者的分化，高效率者转变成强者，低效率者沦为弱者。高效率者对低效率者的剥夺与机会挤占最终会损害社会的整体效率。当法律以效率为价值追求时，其目的在于提升社会整体的效率。“当个体效率在促进社会发展时，它与社会整体效率是一致的；当个体效率威胁或危害经济社会发展时，为促进社会整体效率，应当对个体效率进行限制。”[①] 效率规制模式把竞争视为实现效率的手段而非终极目标，它不以短期的静态的均衡作为反垄断规制的决定性依据，而以长期的动态的资源配置效率为目标，结合市场准入条件、相关市场的范围、潜在竞争的情况、产业特性和周期等决定是否对企业行为进行规制，涉及复杂的效率评估和比较，会产生高昂的诉讼成本或执法成本。由于个体效率与整体效率之间复杂的关系，人们很难判断一种行为是否有损于社会整体效率。如横向一体化而引起的产业集中度提高，可能会出现限产、提价等损害效率的效果，但另一方面却可能会节约交易费用、促进技术创新，产生有利于动态效率的积极效果。就转售价格维持而言，其一方面可能会减少订约成本、履约成本、防止合同执行过程中的逆向选择、道德风险及第三人搭便车，从而节约交易费用；但另一方面却可能限制品牌内竞争，从而损害品牌内竞争所产生的效率。因此，损害效率的行为在法律上是难以进行识别和界定的。

在民粹主义者看来，像美国《谢尔曼法》这样的法律是为了保护产业自由而制定的，即保护市场主体尤其是中小企业免遭私人经济势力的强制。所谓产业自由是市场主体对“竞争自由的平等享有”，或者“完全和自由竞争”。在产业自由主义者看来，社会财富积聚在少数企业中将强化经济势力，削弱产业自由，并最终损害市场主体赖以生存的社会基础。[②] 损害竞争自由的行为是可识别、可界定的。反垄断法上的自由价值，内涵和外延都很明确，且可进一步具体化为市场进出自由、竞争手段自由、竞争起点公平等内容。这些具体的价值

① 李昌麒．经济法理念研究［M］．北京：法律出版社，2009：108．

② 胡甲庆．反垄断法的经济逻辑［M］．厦门：厦门大学出版社，2007：124．

具有很强的可辨识性，而且与公民的基本权利密切相关。损害这些价值的行为容易被感知和发现。效率价值的实现并不是简单的社会总成本与总收益的核算，而是各种相关收益之间的比较与权衡，其数据的采集与分析都有很强的专业性，同时也往往基于理论分析的需要而不可避免地具有虚拟性，这项工作即使对于专业的经济学人士也是复杂的，如果为此耗费过多的执法或司法成本，就完全与效率目标相悖。与此相反，损害自由的行为不需要进行定量的计算，在反垄断法已经明文规定禁止有关行为的前提下，规则的可操作性就更强[①]。

法律必须保障竞争自由。自由地参与市场竞争只是形式上的自由，要实现实质上的自由竞争还必须拥有一定的资源。垄断者能够运用其强大的经济实力操纵市场、排斥异己、左右交易相对人的自由选择。在财富分配和信息占有方面不占优势的弱者面对强者给出的不公平交易条件是没有反抗能力的。为此，政府必须限制拥有较多资源并处于竞争优势的企业的自由，干预市场运行。在标准石油公司案中，怀特法官明确主张企业规模和市场势力本身并不违法，但利用规模优势和市场势力限制契约自由才违法[②]。对标准石油公司的拆分是政府运用强制力保护更大范围内产业自由的一次实践，是政府力量对私人力量的胜利。“私人力量对政府行为的容忍与克制，是为保护最大公共利益而不得不付出的最小代价。”[③] 限制政府干预会扩张个体的自由空间，但如果忽视财富积聚和经济势力集中的事实，只会维护那些既得利益者的自由。对经济实力明显不足的弱者自由的保护才能体现公平。

（3）我国《反垄断法》的价值取向

波兰戴维·米亚什克（Dawid Miasik）博士把反垄断法给许多人带来的困惑归结为立法目的问题：在反垄断法的核心规则保持不变的情况下，它的适用因时而异。同样的一种行为，先前被视为是反竞争的，后又被视为能够促进竞争，如今又被谨慎对待，而这其中的关键在于竞争法的立法目的。立法目的决定了如何将书面的法律条文转化为实际的执法行动，明确了着哪些行为应予禁止，哪些行为应予允许，以及一项行为如何及何时得到批准。不同法律体系中

---

① 郑鹏程．欧美反垄断法价值观探讨：兼评《中华人民共和国反垄断法（草案）》第 1 条［J］．法商研究，2007（1）：102．

② Standard Oil co.，v. United States，221 U. S. 54（1911）．

③ 吴玉岭．美国反垄断法的价值追求及其争议背后的意识形态冲突［J］．首都师范大学学报（社会科学版），2009（2）：62．

相同或者高度相似的规则适用结果截然不同均源于立法目的的不同①。“目的”是一个主观概念，“是人在行动之前根据需要在观念上为自己设计的要达到的目标和结果”②。通常来说，立法作为一种高度理性的实践活动，其需要一定的目的作为指导。层次越高的立法，其目的越抽象，立法的指向性越具体，其目的也越具体③。价值反映的是主体（人）和客体（物）之间的一种关系，这种关系首先体现的是作为主体的人的需要，有需要才会存在需要是否被满足的问题，其次体现的是客体的属性，而且是客体在一定条件下外化出来的属性，再次体现的是客体之于主体的需求的满足④。法律作为调整不同社会关系的工具，其在不同层次和不同程度上满足着不同主体的需求，因此法的价值必然是多元的。因为法对主体需求的实际满足程度与主体的实际需求之间往往存在偏离，法的价值可能无法真正或全部实现。可以说，法的价值是社会主体更高层次的追求。正是从这个意义上说，立法目的取决于法的价值取向，立法的价值取向约束着立法目的。立法目的是具体化的需求，而立法的价值取向则是更高级的价值追求。

反垄断法的价值取向存在较多争议。反垄断法的价值之争不仅是一个学术问题，更是一个现实利益问题，它直接影响着反垄断法的执行——要不要执行以及如何执行，执行的砝码究竟倾向何方⑤。有观点认为，反垄断法应当将经济效率作为终极价值目标⑥，我国反垄断法的立法价值目标应界定为追求社会整体效益和实质公平⑦。另有观点认为，反垄断法的基本价值目标是建立和维护自由、有序的竞争秩序，其根本价值目标是实现社会整体经济效率、维护社会公平⑧。其中，社会整体经济效率应成为反垄断法的目的价值，良性的市场竞争秩序应成为反垄断法的形式价值，实质公平应成为反垄断法的评判价值⑨。也有观点认为，反垄断法的价值基石是自由，经济学维度的价值是效

---

① MIASIK S D. Controlled Chaos with Consumer Welfare as the Winner - a Study of the Goals of Polish Antitrust Law [J]. Yearbook of Antitrust and Regulatory Studies, 2008, 1 (1): 34.

② 夏征农．辞海［M］．上海：上海辞书出版社，1999：2014.

③ 兰磊．论反垄断法多元价值的平衡［M］．北京：法律出版社，2017：16.

④ 卓泽渊．法的价值论［M］．2版．北京：法律出版社，2006：11.

⑤ 吴玉岭．美国反垄断法的价值追求及其争议背后的意识形态冲突［J］．首都师范大学学报（社会科学版），2009（2）：57.

⑥ 折喜芳．论我国反垄断法的价值目标［J］．河北法学，2006（4）：48-53.

⑦ 赵万一，魏静．论我国反垄断法的价值目标界定及制度架构［J］．社会科学研究，2006（1）：108.

⑧ 吴宏伟，魏炜．论反垄断法的价值目标［J］．法学家，2005（3）：92-98.

⑨ 高宏贵，董小红．论我国反垄断法的价值目标及其实现［J］．社会主义研究，2008（4）：100.

率，法学维度的价值是公平，反垄断法的价值冲突主要存在于公平价值与效率价值之间[①]。其中，反垄断法的效益价值立基于社会，反垄断法的公平价值立基于消费者，反垄断法的自由价值（竞争自由）立基于企业，当这些价值出现冲突时，要以社会整体利益优先，其次是保护消费者合法权益[②]。可见，主流的观点认为反垄断法的价值取向是多元的，效率、自由、公平都是反垄断法的价值目标。无论从何种角度进行界定，自由、公平与效率的价值排序并不是等同的。

从《反垄断法》的规定看，其融入了多元价值。原《反垄断法》第一条规定："为了预防和制止垄断行为，保护市场公平竞争，提高经济运行效率，维护消费者利益和社会公共利益，促进社会主义市场经济健康发展，制定本法"，修订后的《反垄断法》增加了"鼓励创新"的规定。从该条规定看，《反垄断法》的价值目标是多元的，"公平竞争""效率""消费者利益和社会公共利益"一直以来都是其价值目标，而鼓励创新则进一步丰富了反垄断法的目标体系。关于这些目标之间的关系，若仅从文义解释的角度考察，"公平竞争"似乎应该是《反垄断法》的首要目标，而"创新""效率"与"消费者利益和社会公共利益"究竟是《反垄断法》应该直接追求的次要目标，还是在"公平竞争"的前提下衍生出的结果目标，直接影响到对行为的定性。孙晋教授认为，公平竞争与鼓励创新的关系，前者是因，后者是果，如果市场能始终保持公平竞争，创新是必然的结果。基于此，有观点认为鼓励创新不应该成为反垄断法的立法目的，因为反垄断法的执法着眼点在于市场竞争行为以及由行为导致的市场竞争秩序，其并不关注执法能否带来创新，既然公平竞争能够带来创新，那么就不应该将创新作为反垄断法的直接目标，其最多是反垄断法的间接目标[③]。相反的观点认为，为适应数字经济的发展，反垄断法应当将创新作为立法目标，因为数字经济市场属于技术密集型市场，市场主体需要持续创新，包括科技创新和商业模式创新，反垄断执法的关注点也应该是创新，反垄断法就应该成为促进创新的法律[④]。传统经济学重视提升静态效率，即资源合理配置和使用所产生的效率，而市场竞争是提升静态效率的根本路径。但是以熊彼特为代表的研究者发现，以静态效率为目标的市场竞争在很多场合会阻碍创新的

① 李剑．论反垄断法的价值取向［J］．法制与社会发展，2008（1）：13－22.

② 王翀．论反垄断法的价值目标冲突及协调［J］．政法论丛，2015（6）：138－144.

③ 王磊．创新目标在反垄断法上的定位与实现：兼评《反垄断法（修正草案）》第1条［J］．中国政法大学学报，2022（1）：173.

④ 杨建辉．数字经济动态性特征对现行反垄断规则的挑战［J］．竞争政策研究，2018（5）：47.

实现，比如企业为推广新产品而采取的竞争行为，虽然在短期内可能会损害静态效率，长期看却有助于促进新产品、新技术的普及[①]。从反垄断法的具体规定来看，如果某行为以限制购买新技术、新设备或者限制开发新技术、新产品，即以限制技术创新为目的，反垄断会将其视为本身违法行为，而有些行为，虽然可能会在某种程度上影响竞争格局，但是却可能带来技术创新甚至有利于推动整体经济的发展，那么这样的行为就可以排除违法性[②]。可见，人们对反垄断法的多元价值目标之间的关系存在不同的认识，在如何实现某一具体的价值目标方面也存在分歧。

从《反垄断法》所规制的具体行为看，对滥用市场支配地位行为的规制主要保护的是处于被支配地位的经营者的竞争权益，对经营者集中的审查在很多案件中需要考虑效率，对行政垄断行为的规制主要需考虑公平，即对具体行为的规制往往有一种优先性的价值追求存在，在特殊情况下需要兼顾次优价值。从现行《反垄断法》第十六条的规定看，对垄断协议的规制主要考虑竞争，如果结合《反垄断法》第一条的规定，似乎此处的“竞争”指“公平竞争”。从《反垄断法》第二十条有关垄断协议豁免及第三十四条有关经营者集中的例外规定看，在竞争与效率或其他社会公共利益发生冲突时，竞争的目标可以让位于效率或其他社会公共利益。但是究竟如何测度效率以及如何理解社会公共利益，需要进一步明确。否则，反垄断法的实施就会出现分歧。“我国《反垄断法》第一条只是提出‘保护市场公平竞争’，而没有提出‘保护市场自由竞争’，这是我国反垄断法与其他很多国家反垄断法的一个重大不同之处。事实上，反垄断法的理念是反对垄断，反对限制竞争，努力为经营者争取参与市场竞争的权利，这种权利实际是一种经济自由的权利。”[③] 另外，《反垄断法》第一条的“公平竞争”并不能将“自由竞争”涵盖进去，因为公平竞争更强调竞争手段的正当性，而自由竞争强调竞争机会的平等性，当然两者之间的区分并不总是那么明显。我国目前实施的公平竞争审查制度，把政府限制市场准入、影响商品和要素的自由流动、影响生产经营的成本等行为均归为影响公平竞争的行为。事实上，政府限制市场准入的本质是对潜在竞争者竞争机会的剥夺或者限制，影响商品和要素的自由流动本质上是对竞争者竞争自由的剥夺或限

① 郭传凯．反垄断法“鼓励创新”的功能定位及其实现［J］．上东大学学报（哲学社会科学版），2023（4）：183.

② 潘宁．论鼓励创新作为《反垄断法》立法目的［J］．科技与法律，2022（5）：50.

③ 王晓晔．反垄断法［M］．北京：法律出版社，2011：34.

制，而影响生产经营成本的行为主要表现在竞争手段方面，比如给予某些特定经营者以补贴，使其获得与其他竞争者相比更大的优势。也就是说，我国目前对公平竞争和自由竞争并未进行严格的区分，但是从起点公平和形式公平出发，首先应强调机会公平，其次再强调手段公平，即竞争者首先能够自由进入某一相关市场，其次才是其采用何种竞争手段的问题，从这个意义上说，竞争自由的价值高于竞争公平。《反垄断法》对垄断行为的规制，目的是促进自由竞争秩序的形成，自由竞争应该成为我国《反垄断法》的价值追求。

6.1.2 转售价格维持的法律规制应以竞争自由为导向

在转售价格维持领域，首先存在生产商层面的竞争与零售商层面的竞争，零售商层面又存在品牌内竞争与品牌间竞争，其中生产商层面的竞争最终体现为零售商层面的竞争，品牌间竞争比品牌内竞争重要。当生产商通过转售价格维持体现自身的竞争意图与利益时，就会产生生产商的竞争自由与零售商的竞争自由之间的冲突，法律应该保护谁的自由？显然芝加哥学派以生产商的效率为由，保护的是生产商的自由。而民粹主义学派以公平为由，保护的是经销商的自由。

自由是反垄断法最基本的价值。没有经济自由，就没有自由竞争与市场机制；没有自由竞争，社会整体的效率将会受到损害。目前，我国的转售价格维持多由具有一定市场力量的生产商或供应商主导，经销商往往被迫接受，并非双方合意的产物，其中经销商以自己的意愿、根据自身所处竞争环境决定价格的权利被剥夺，经销商层面的自由竞争受到了严格限制，因此，我国对转售价格维持的规制应以竞争自由为价值导向。

（1）自由

"反垄断法的目标就是应当维护竞争自由或自由竞争，包括自由进出市场、自由实施市场行为以及有权排除限制自由竞争的行为。"① 自由根源于人的本性。"要求自由的欲望乃是人类根深蒂固的一种欲望。"② 人类社会的发展就是不断争取自由的过程。作为人类社会发展重要标志的法的发展与进化在一定意义上也是以自由为基础的，可以说，自由是法的基本价值追求，也是最重要的

① 孔祥俊．反垄断法原理［M］．北京：中国法制出版社，2001：211.

② 博登海默．法理学、法律哲学与法律方法［M］．邓正来，译．北京：中国政法大学出版社，1999：278.

价值之一，“整个法律和正义的哲学就是以自由观念为核心而建构起来的”。[①] 但是，何谓“自由”却是一个极其复杂的问题。西方思想史上曾出现过各种有差别的自由主义思潮试图诠释自由的真谛。英国学者柏林将自由区分为积极自由与消极自由，前者指“从事……的自由”，即做什么的自由，后者指“免于……的自由”，即不做什么的自由，指不受他人干预、控制甚至奴役的自由。很多思想家对自由的解读都是在这个层面展开的。比如哈耶克认为，自由是一种人的状态，在这种状态中，“一些人对另一些人所施以的强制，在社会中被减至最小可能之限度”[②]。“当一个人被迫采取行动以服务于另一个人的意志，亦即实现他人的目的而不是自己的目的时，便构成强制。”[③] 而法国古典自由主义思想大师贡斯当则将现代人的自由视为消极自由，即“现代人享有一系列受法律保障的、不受政府干预的个人权利”[④]。

从另外一个层面，自由必须是实质上的自由。在阿玛蒂亚·森看来，自由就是人们能够过自己愿意过的那种生活即有价值生活的能力，“基本的考虑因素是我们所拥有的、享受我们有理由珍视的那种生活的可行能力”[⑤]。“不受干预的否定性自由，有时会同实现某个人的个人能力和社会能力的肯定性自由发生不可调和的冲突。”[⑥] 博登海默举例，一个有关强迫父母让孩子上学念书并让他们一直学习到他们达到一定年龄的法律，无论是对父母来讲还是对孩子来讲，都没有增进他们免受限制的自由；但这种做法无疑有助于孩子自我实现的自由，并扩大了孩子日后生活中的各种机会，特别是他们自由选择职业的机会。

无论积极自由还是消极自由，都是相对且有限的自由。因为任何自由都容易为肆无忌惮的个人和群体滥用，如果不加限制，任何人都可能会成为滥用自由的潜在受害者。在经济领域，无限制的自由会导致垄断的产生，这已经被社会经验所证实。因此，“交易自由不应被扩大到包括与道德或占支配地位的公共政策相矛盾的协议；按照那些被其他商人或整个社会认为是完全不公正的惯

---

① 博登海默．法理学、法律哲学与法律方法［M］．邓正来，译．北京：中国政法大学出版社，1999：279.

② 哈耶克．自由秩序原理［M］．邓正来，译．北京：三联书店，1997：3.

③ 同②：164.

④ 贡斯当．古代人的自由与现代人的自由［M］．阎克文，刘满贵，译．北京：商务印书馆，1999：17.

⑤ 森．以自由看待发展［M］．任赜，于真，译．北京：中国人民大学出版社，2002：286.

⑥ 同①：284.

例而进行的商业活动，应当受到法律的限制”①。“法律始终是增进自由的一种重要力量，与此同时也是限制自由范围的一种重要工具。”② 法律必须在相互冲突的自由之间进行调和以达到某种平衡。“对我们每个人来说，自由不是绝对的，而具有极大的相对性，即你有，但不能排斥他人也有。如果你所拥有的自由已经形成对他人的自由的限制，即使这种限制力量的产生合乎自然规则和法律，也必须予以矫正。”③ 契约自由如果被市场经济中的强者用来支配经济资源，则弱者并无真正的自由，反而是真正的“不自由”。在以利益最大化为主导的市场经济中，市场主体之间势均力敌才能保证意思表示真实，否则，真正的契约自由不可能实现。

（2）竞争

竞争就其语义而言，一是“竞”，即竭力、尽力；二是“争”，即争取。从竞争的本义可以看出，竞争需要积极主动的精神与态度④。竞争是人类社会生活中普遍存在的一种现象，存在于经济、政治、文化、法律、道德等各个层面，在经济领域里具有多个维度：质量竞争、价格竞争、服务竞争、品种竞争等。反垄断法对竞争的规制基于“经济学对垄断和垄断危害性的描述，社会伦理思想对经济民主和经济自由的召唤，以及法学思想从个体本位向社会本位的转化”。⑤ 因为人们对竞争的评价视角不同，对竞争效果的评价也大相径庭。一方面，良性竞争能带来物质利益，使社会的商品种类更丰富；另一方面，不受限制的竞争导致经济和政治权力的过度集中，对中小企业权益的挤压及对特定群体利益的损害。经营者要想在竞争性市场中存活下来，必然想方设法满足消费者的真正需求，并且以比竞争对手更快的速度和手段满足这些需求，如技术创新、产品的差异化、新理念的创设等。既然如此，竞争就必然要求自由，自由地参与竞争，自由地选择竞争手段，自由地决定价格。“真正的竞争是一种自由竞争。”⑥ 只有自由竞争才能充分激发人的创新激情，才能分出胜负，才能优胜劣汰。从这个意义上说，自由是竞争的前提与基础，是提升竞争质量与水平、产生竞争效益与成果的关键。哈耶克指出：“毫无疑问，在缺乏‘自

① 博登海默．法理学、法律哲学与法律方法［M］．邓正来，译．北京：中国政法大学出版社，1999：283.

② 同①：285.

③ 李昌麒．经济法理念研究［M］．北京：法律出版社，2009：135.

④ 邱本．自由竞争与秩序控制［D］．北京：中国社会科学院，2000：202.

⑤ 李昌麒．经济法学［M］．北京：中国政法大学出版社，1999：344.

⑥ 同④：203.

由’的状况下，不但各种东西不可能由那些懂得如何生产因而能以最低成本生产这些东西的人来生产，而且所有消费者最喜欢的东西（如果他们有选择余地的话）也根本不可能都生产出来。”[①] 竞争的本质是利益之争，是人们为了追求自身利益而进行的积极创造性活动。否定竞争、限制竞争就是否定与限制人们对利益的追求。

竞争有深厚的人性基础[②]。废除或限制竞争就是泯灭人的个性、限制人的自由。在资源稀缺的现实世界，一切有价值的物化利益都需要通过竞争机制确定其归属。竞争不仅是人类的生存所需，也是自我价值实现的精神追求。真正的竞争能极大地激发人的创新精神，在经济领域里，竞争者必须求新求异，同时降低成本提高商品或服务质量，只有这样才能战胜竞争对手，赢得市场地位。这一方面使市场上呈现了多样化的商品，满足了人们多元化的需求；另一方面使消费者有机会获得更好更便宜的商品；同时也促进了技术、文化、经济的发展。因此，马克思给予自由竞争以极高的评价，认为它是“资产阶级经济的重要推动力量”。艾哈德认为：“竞争是提高生产率的最理想的手段。”[③] 发展市场经济就要保障市场主体的竞争自由，使其免受来自外界的限制。垄断阻碍自由竞争，妨碍经济正义。反垄断法首要的任务是保证自由竞争，激发人们的竞争动力，促使人们竭尽全力参与竞争，从而促进经济发展和社会繁荣。垄断者的目的是攫取超额垄断利润，在社会财富总量一定的情况下，垄断者的超额利润必然以非垄断者利益的丧失为代价，垄断者常借助于市场支配力量，无正当理由地限制企业的竞争自由，导致社会财富分配的非正义。反垄断法就是要禁止限制竞争自由的行为，反对垄断者对非垄断者应有利益的掠夺，保护扩大企业在市场中的总体自由。

（3）竞争自由

企业的自由首先表现为竞争自由，其次表现为交易自由。竞争自由是企业自由的核心，也是经济民主的主要表现。没有竞争方面的自由，就没有企业自由；没有企业自由，就妄谈经济民主。反垄断权被称为经济民主权，这种权力的核心就是处理经济民主与经济集中、大企业与中小企业的关系[④]。但是经济民主权并不是一概反对经济集中和大企业，因为大企业往往是经济竞争的必然

① 哈耶克．个人主义与经济秩序［M］．贾湛，文跃然，译．北京：北京经济学院出版社，1989：94.

② 邱本．自由竞争与秩序控制［D］．北京：中国社会科学院，2000：203.

③ 路艾哈德．来自竞争的繁荣［M］．北京：商务印书馆，1983：154.

④ 同②：259.

产物，大企业汇集了人才、资金、技术优势，更有能力在竞争环境下进行技术变革与创新，推出新的产品，巩固其市场优势。与经济民主权对立的是具有市场支配力的企业滥用其市场优势，阻碍自由竞争。这就要求国家通过反垄断的方式规制滥用市场支配地位行为或者通过产业政策大力扶持中小企业，增强中小企业的竞争力。当大多数中小企业享有自由竞争的权利时，才能够实现经济民主。竞争作为理想的资源配置方式，能够推动社会进步与技术创新，能够降低生产成本，提高产品质量，带来质优价廉的商品与服务，提高消费者福利。竞争还体现了正义原则，促进和保障着“分配的正义”①。在反垄断法所创造的竞争环境下，个人或中小企业参与竞争就是参与对资源的分配，竞争的机会就是参与分配的机会，竞争的过程就是参与分配的过程。参与竞争的过程是一个发现市场需求的过程。每个市场的参与者不断参与竞争、满足他人需求，最终获取市场资源为自己所用，摆脱因资源不足而受制于人或受困于客观条件的窘境，从而实现自由。关于竞争自由，不同国家、不同民族、不同的社会形态会有不同的理解。例如，美国和英国均属于自由市场体制，但是在 19 世纪末至 20 世纪前半叶，两国对待市场竞争的态度是完全不同的。美国“在新出现的产业政策方式中，联邦政府通过建立竞争的基本规则然后扮演裁判的角色来影响产业效率”，而英国当时却将完全的市场竞争视为对一些企业家的毁灭性打击，因此英国为保护这些企业家不惜牺牲市场体制②。正是对自由价值的理解不同，不仅导致了英国反垄断法律制度的出现时点远远滞后于美国，而且也导致了反垄断法律制度设计上的差异③。

竞争自由应当成为竞争秩序中首要的和优先追求的价值目标④。竞争自由与竞争秩序是一种动态平衡关系，竞争秩序是竞争进程中所形成的一致性、连续性与确定性状态，竞争自由是市场主体竞争行为的自主性与自决性，竞争自由只有在一定的规则约束下才能形成良性的竞争秩序，无自由无竞争，无规则无秩序，自由的限度是规则。反垄断法规则下的竞争自由是市场准入的自由以及进入市场之后竞争行为的自由。这是一种发挥市场主体参与市场竞争的动力

---

① 吴玉岭．美国反垄断法的价值追求及其争议背后的意识形态冲突［J］．首都师范大学学报（社会科学版），2009（2）：57－58.

② 道宾．打造产业政策：铁路时代的美国、英国和法国［M］．张网成，张海东，译．上海：上海人民出版社，2008：25.

③ 叶卫平．反垄断法的价值构造［J］．中国法学，2012（3）：141.

④ 吴宏伟，魏炜．论反垄断法的价值目标［J］．法学家，2005（3）：94.

同时又保持竞争活力的规则系统。反垄断法基本的目标就是建立和维护自由的竞争秩序，这是一种竞争自由与竞争秩序之间的动态平衡状态。从历史的角度看，现代反垄断法是自由竞争发展到一定阶段的产物。在自由资本主义阶段，市场主体从利己的本性出发，通过竞争角逐各自的利益，市场竞争这只看不见的手分配着利益，引导着资源的配置。如果市场一直是完全自由竞争的状态，那么市场主体在追逐自身利益的过程中也会促进社会利益的增长。但也正是市场主体的自利本性，使得某些市场主体会在高额利益驱动下，利用一切方法去排斥他人获取相关利益，限制竞争或垄断行为由此而产生。这些行为披着意思自治的外衣，实质上却是反竞争的。这些反竞争的行为是竞争机制衍生出来的，是竞争机制的必然产物，也是竞争机制本身无法消除之物。为消除反竞争行为，现代国家从宏观经济发展的角度出发，改变其“守夜人”的角色定位，积极对反竞争的行为进行干预，以使市场恢复自由竞争之秩序。从这个意义上说，反垄断法就是现代国家利用强制力恢复或构建自由竞争秩序之法。

表面上看，反垄断法限制了行动，限制了自由，但事实上，“反垄断法反对的是以牺牲他人利益为代价的短期自由和强者欺压弱者的自由，而维护的是一种绝大多数人都能享受自由的竞争机制”①。反垄断法产生于自由竞争的市场经济体制，其天然地追求经济自由或竞争自由。如果结合反垄断法发源地的历史背景，可以发现美国反托拉斯法产生的直接目的是解决由于垄断势力的过度膨胀所产生的社会弊害，既有政治民主的要求也有经济民主的考虑，更体现了美国社会根深蒂固的自由、平等的价值取向。美国反托拉斯法立法之初，维护自由竞争及公平竞争是其主要的价值考量，效率并没有进入反托拉斯法的视野。正如美国联邦最高法院大法官马歇尔在 1972 年的 Topco 案中所表达的：“从总体上看，反托拉斯法，特别是谢尔曼法，是自由企业的大宪章。正如权利法案保护我们的基本权利一样，反托拉斯法具有维护经济自由和自由企业制度的作用。每个个人、所有企业不分大小都享有参与竞争的自由……此种自由意味着不能因为某些主体认为排除特定领域内的竞争自由能够促进一个更重要的领域内的竞争就可以对该特定领域内的竞争加以限制。”② “事实证明，无论在买方市场还是在卖方市场，只要存在垄断就会限制经营者（竞争对手、供应

① 郑鹏程．欧美反垄断法价值观探讨：兼评《中华人民共和国反垄断法（草案）》第 1 条 [J]．法商研究，2007（1）：101.

② United States v. Topco Association，Inc.，405U.S.596，610（1972）.

商或客户）的自由，而一旦打破垄断就能充分释放出这些经营者的积极性、创造性，为其提供充分的施展才华的自由空间。"[①] 在特定的条件下，转售价格维持无疑是有效率的，但单边政策型转售价格维持限制了经销商或零售商的竞争自由，如果将竞争自由作为转售价格维持法律规制的价值取向，则转售价格维持本身应违法。

6.1.3 转售价格维持的法律规制应将消费者福利作为竞争自由的边界

美国反托拉斯法最初已经对弱者的利益有所考虑，但并没有赋予其较为突出的地位，"保护竞争而不是保护竞争者"的执法理念更是淡化了对弱者的保护。在效率价值不断被确认之后，其与公平价值之间的紧张关系更加突出。在芝加哥学派的经济分析中，公平价值常常被忽视。现实的情形是，对效率的过分强调可能会损害公平。民粹主义的代表人物之一霍温坎普主张反托拉斯政策应该在效率价值之外，考虑消费者福利最大化、保护小企业免受较大竞争侵害等"竞争性价值"。尽管芝加哥学派声称提高效率就能实现消费者福利，但美国的消费者团体如美国退休者协会、美国消费者同盟、年长公民全国委员会等都对此持怀疑态度，认为纵向限制并不真正有利于消费者，相反，有些纵向限制如转售价格维持导致的高价格是反消费者的[②]。反垄断法上的公平要求在优胜劣汰的市场机制下使弱者公平地享有权益。如果处于市场支配地位的企业任意压低原材料价格、抬高产品销售价格或者限制产量，社会财富就会从弱小经营者或消费者流向垄断者；如果垄断者以掠夺性价格销售，就会将中小企业挤出市场。所以，反垄断法的公平价值主要体现在保护消费者和中小企业的权益[③]。人类的经济活动都围绕着自身需要而展开。在现代市场经济体制下，社会分工日益细化，任何人都不能自给自足，须依赖市场机制进行价值交换以获取所需，即每个人都是消费者，保护消费者就是保护所有人的利益。王晓晔教授认为，反垄断法的任何规定都是为了保护消费者利益。[④] 但反垄断法对消费者利益的保护不像消费者权益保护法那么具体明确地列举权利，而更多呈现出一种抽象的理念，相应地反垄断法语境下的消费者利益是一个模糊概念，"凡是能够给消费者带来的各种好处，不论是经济的、非经济的，直接的、间接

① 兰磊．论反垄断法多元价值的平衡［M］．北京：法律出版社，2017：41.
② 叶卫平．反垄断法的价值构造［J］．中国法学，2012（3）：140.
③ 李剑．论反垄断法的价值取向［J］．法制与社会发展，2008（1）：16.
④ 王晓晔．王晓晔论反垄断法［M］．北京：社会科学文献出版社，2010：48.

的，能量化的、不能量化的，似乎都包含其中”[①]。为使反垄断法上的消费者利益更具体化，芝加哥学派提出了“财富转移”（wealth transfers）理论，即反垄断法要防止企业利用其市场力量迫使消费者为商品或者服务支付更多的费用，防止垄断者从消费者那里榨取财富[②]。如果社会的福利总量确定，那么垄断者和消费者之间的福利定会是此消彼长的关系。反垄断法对消费者利益保护的最低要求是垄断者不能独享全部的社会福利，至少不能使消费者的状况变得更差。

这里的消费者福利指福利经济学中的福利。福利经济学中的福利指“消费者剩余”，指消费者的支付意愿和实际购买价格之间的差额。不同的消费者对同一产品会产生不同的主观价值感受与不同的意愿支付价格，如果产品的实际售价低于消费者的意愿支付价格，那么消费者就从相应的交易中节约了资金，该笔被节约的资金就成为消费者福利。反之，如果商品的实际售价高于生产商的保留价格，则生产商获得了超过其正常收益的额外利润，即“生产者剩余”。消费者剩余与生产者剩余之和被称为社会总福利。这里的消费者福利不同于芝加哥学派的消费者福利。芝加哥学派将社会整体经济效率作为反托拉斯法的价值目标，并且为了增强论述的正当性而不惜偷换概念，以消费者福利取代社会整体经济效率，为总效率、社会总财富或者总福利披上了消费者福利的外衣[③]，但其本质上仍然是在追求垄断者的效率。如果生产者剩余的增加超过了消费者剩余的减少，则会增加社会的总福利。垄断行为被规制的核心原因在于其会导致消费者剩余的减少同时使生产者剩余增加。另外，垄断行为往往还会导致“无谓损失”，使社会总福利减少，表现为消费者剩余减少但却并未相应地增加生产者剩余。出现无谓损失的原因在于，垄断者将生产规模设定在边际收益等于边际成本的水平，并且设定高于竞争性产量时的价格。由于垄断者提高了价格，部分消费者会放弃购买，但总有部分消费者会继续购买。放弃购买的消费者所产生的损失就是无谓损失。继续购买的消费者支付了高价格，其消费者剩余减少的部分又转移给生产者，成了生产者剩余。所以，垄断行为导致消费者福利的减少，一部分减少的消费者福利成了生产者剩余，另一部分成了无谓损失。[④]

---

① 焦海涛．反垄断法上的竞争损害与消费者利益标准［J］．南大法学，2022（2）：3.

② 同①：6.

③ 兰磊．反垄断法上的消费者利益的误用批判（上）［J］．竞争政策研究，2016（9）：68.

④ 同①：7.

消费者剩余成为衡量消费者福利的量化指标。判断垄断行为是否损害竞争、是否违法，视消费者剩余的变化而定。若消费者剩余增加，意味着消费者福利增加；若消费者剩余减少，则消费者福利也相应减少。但消费者剩余的计算相对来说比较主观，消费者剩余增加还是减少，更多取决于消费者的主观感受。由于无法获得每个消费者的支付意愿，经营者也无法准确计算消费者剩余，因而只能进行理论上的推演和估算，且推演和估算针对的是总体消费者而非个别消费者。为保证估算标准的确定和统一及估算结果的准确，经济学上对消费者福利的量化主要以价格为基础。在垄断者实施差异化定价策略时，支付高价格的消费者与支付低价格的消费者同时存在，可能出现支付低价格的消费者剩余增加而整体消费者福利并未增加的情形。虽然消费者最关心价格，但消费者福利不仅仅体现为价格，还体现为其他非价格因素，具有较高程度的具体性。比如评估一项垄断协议是否能够使消费者分享由此产生的利益，则可以从价格降低、质量提高、技术创新、技术升级、产品和服务的更多选择等角度加以考察。消费者并不总是把价格作为第一考量要素，比如奢侈品或者消费者信赖的一些品牌，因为能够给消费者带来精神满足，即使价格高，消费者仍然会购买。在新产品上市期，转售价格维持所具有的保证零售商利润、促进销售商推荐新产品、激励零售商存货等积极效应是得到了理论支持与经验证实的。新产品往往具有更好的质量、更便捷的技术、更好的体验等有利于消费者的特性。以汽车行业为例，在新能源汽车推广期（如：9 个月以内，从汽车供应商就具体车型发出第一张批售发票之日起算），转售价格维持有利于激励经销商推广新能源产品，扩大市场对新产品的需求，从而促进新产品的成功上市，使消费者有更多的选择。此时的转售价格维持就是提升消费者福利的手段。正因为如此，对转售价格维持执法一向比较严厉的欧盟，也允许生产商的效率抗辩，而生产商的效率抗辩主要体现在新产品上市期。对于市场认可度较高并且消费者对其产生较强依赖性的产品，若仍旧实施转售价格维持，则可能会损害消费者的福利，但如果生产商限制最高转售价格，则能够促进消费者福利；如果生产商对同一地域范围内的零售商实施转售价格维持的目的是促进零售商提供更优质的服务，使零售商更便利地服务终端消费者，并且确实为消费者带来了优质服务或增加了购买的便捷性，则应视为增加了消费者福利。比如，零售商之间提供差异化的服务，增加销售助理的数量、提供更大的停车场，消费者在对两家零售商的地理位置和时间成本选择上存在差异，则在自由竞争的环境下，零售商将专注于边缘消费者，因为普通消费者并不考虑时间成本，但边缘消费者则会考虑时间成本，这意味着转售价格维持增加了零售商提高服务水平的动力。因此，尽管供应商限制零售商的最高转售价格在本质上仍属于对竞争自由的限制，但各国均对限制最高转售价格行为较为宽容；尽管限定最低转售价格或者固定转售价格限制了零售商的定价自由，并很可能导致高价格，但如果能够提升消费者福利则应当予以豁免。正因为如此，我国《反垄断法》修订时，对转售价格维持进行了分类规制，即如果经营者能够证明其不具有排除、限制竞争效果的，不予禁止；如果转售价格维持不会严重限制相关市场的竞争，并且使消费者能分享由此而产生的利益，则应予以豁免。

6.2 立法应当明确规制单边政策型转售价格维持

《反垄断法》第十六条将垄断协议界定为排除、限制竞争的协议、决定或其他协同行为。协议通常指企业之间存在充分的合意。根据《反垄断法》第十七条、第十八条的规定，垄断协议是经营者之间达成的协议，那么其应该发生于两个或多个企业之间。单方行为是否构成垄断协议？《反垄断法》的规定并不明确。

6.2.1 对转售价格维持需区别对待

《民商法》里的协议是指当事人就彼此之间的权利义务达成合意，强调当事人意思联络的客观性及意思表示的一致性。转售价格维持若构成垄断协议，表现为“协议、决定、其他协同行为”，也应当强调当事人之间的合意。但是具体案件中的转售价格维持并不总是表现为当事人之间的合意，反而可能只是某一当事人的单方行为或要求。欧盟竞争法通过一些具体的案例，也将单方行为非常牵强地解释为协议。如在 WEA - Filipacchi Music SA 案中，欧盟法院认为如果企业单方面发出一项通知，并不要求对方承诺或接受，但实际上双方心照不宣地按照通知的内容行事，则该项通知就可以被认定为协议。[①] 这种解释的目的是将单边政策型转售价格维持包含进协议中，却明显背离了协议的本质。美国习惯上将对效率损害最大、对竞争破坏最强的两类转售价格维持问题分流到横向卡特尔和滥用市场支配地位领域进行审理，被告习惯性地辩称市场

① 许光耀．欧共体竞争法研究［M］．北京：法律出版社，2002：40.

竞争充分（没有横向损害）和自身没有支配地位（没有滥用损害）①。我国的转售价格维持在多数情况下也是由某一经营者单方施加的，但反垄断法并没有对此进行区分，这给商业合规与司法实践都带来了困惑。

结合我国商业实践，建议对转售价格维持的规制分以下三种情况对待。

第一，如果上游生产商（或下游零售商）具有市场力量并主导转售价格维持，下游零售商对其有依赖性而不得不接受价格限制条件，则可以认为该行为限制了零售商的交易自由，进而限制了零售商层面的自由竞争。此时，反垄断法需要对生产商的行为进行规制。无论生产商是否具有绝对的市场支配地位，其都具有相对于经销商或零售商的相对优势地位，转售价格维持属于滥用相对优势地位的行为。

第二，如果上游生产商不具有市场力量，或者其与下游零售商之间势均力敌，并与下游零售商共同协商确立转售价格维持机制，则即使双方约定有违约罚则，也是双方自由自愿协商之后果，零售商自愿接受限制是其理性判断后的决定。此时，反垄断法原本不应禁止双方之间的自由约定，但如果该约定具有限制竞争的目的或产生了限制竞争的效果，则约定无效，并可依据现行《反垄断法》第十八条或第二十条的规定追究协议双方的法律责任。若一项转售价格维持协议是为了实现横向卡特尔，从而对竞争产生损害，就直接以横向卡特尔协议立案，不再单纯以转售价格维持案件对待；如果协议双方能够证明协议具有《反垄断法》第二十条所规定的情形，则可以被豁免。若协议没有限制竞争的目的或效果，则协议的效力应被界定为无拘束力。这意味双方履行协议的行为不会被法律所禁止，同时，一方未履行协议，另一方也不能强制履行。

第三，如果下游的零售商联合要求生产商实施转售价格维持，那么零售商的目的是避免彼此之间的价格竞争，其效果无异于横向卡特尔，则依照《反垄断法》第十七条横向垄断协议的规定进行规制。比如，在美国 1939 年的 Interstates Circuit Inc. v. United States 案中，下游一家大型电影放映商要求上游的八家电影发行公司在与其他放映商的合同中加入转售价格维持条款，相当于强制要求其他电影放映商将价格提高到与该大型放映商同等的水平。八家电影发行公司均接受了这一要求，行为上具有了一致性。如果仅是某一家电影发行公司进行了转售价格维持，电影放映商可能会因为担心顾客流失而拒绝这样的限

① 徐新宇，高牟．美国在转售价格维持上的独特性和 Leegin 案确立的分析框架（上）[J]．中国价格监督检查，2013（11）：30－33.

制，但是当八家电影发行公司全都实行转售价格限制时，电影放映商就别无选择，所以尽管这八家电影发行公司彼此之间没有意思联络，联邦最高法院仍然认为八家电影发行公司之间达成了横向垄断协议。[①] 该案的案情如果稍做调整，假设两个较大的放映商达成提高门票价格的决定，为防止顾客流向其他放映商而共同要求上游八家电影发行公司实施转售价格维持以提高门票价格，则转售价格维持实质上就成了两大放映商实施横向垄断协议的工具，应当以横向垄断协议进行规制[②]。

6.2.2 单边政策型转售价格维持是常态

在我国的现实情况中，大多数转售价格维持的案例并非基于双方合意，均是处于绝对优势或相对优势的一方以停止供货、拒绝交易、没收保证金等强制手段迫使下游零售商接受转售价格维持，下游零售商无法根据自己所处的竞争环境去自主决定交易价格。如果生产商凭借自身的市场力量，使下游零售商在别无选择的情况下接受转售价格维持，那么反垄断法所追求的自由竞争价值将受到严重扭曲。还有一种较为常见的情形是，下游的大型零售商或渠道销售商利用自身在零售网络中的市场地位，要求生产商限定其他零售商的零售价格，从而避免其与其他零售商之间就相同产品展开价格竞争。因此，从实证的角度考察，我国的多数转售价格维持属于生产商或渠道销售商利用市场力量实施的单边政策型行为。

这种现实与《反垄断法》第十六条所规定的经营者之间达成垄断协议的情况有较大的不同。如果要适用《反垄断法》第十六条和第十八条的规定，就很难从“协议”一词的通常含义出发做出合理的解释。当然，现实经济中也存在上游生产商与下游零售商之间的力量比较均衡，互相都不具有制约对方的优势，双方共同协商实施转售价格维持。此种情形下，双方合意是否为反垄断法的规制对象，或者说这种情况还是否需要政府干预，视双方行为对市场竞争的影响而定。这也是《反垄断法》第十六条对垄断协议的界定中使用“排除、限制竞争”这样的限定词的原因。因为双方在共同协商的情况下，都是从自身利益出发设定权利义务，整体上双方的利益配置是均衡的，从契约自由的角度应

---

① 霍温坎普．联邦反托拉斯法政策：竞争法律及其实践［M］．许光耀，江山，王晨，译．北京：法律出版社，2009：185.

② 许光耀．转售价格维持案件中垄断行为的识别：兼评新《反垄断法》第 18 条［J］．法学评论，2023（3）：76.

该尊重双方的约定。如果追溯美国反托拉斯法对这种契约予以规制的初衷，其是否应受规制取决于是否存在限制贸易的“合谋”情形。经济学理论对转售价格维持的研究，恰恰集中于这种具有“合谋”意图的情形。传统经济学理论认为合谋型转售价格维持限制贸易的效果有两方面：一是其限制了品牌内竞争；二是其便利生产商或零售商共谋。但根据前述对经济学理论的评析，这两种情况在多数情况下都不成立。在生产商主导的转售价格维持下，如果有零售商不遵守价格限定，就会引起其他零售商向上游生产商抱怨，此时不能称之为零售商之间的联合行为，而仍应审查生产商的行为。

总之，我国《反垄断法》第十六条的规定主要针对的是双边契约型的转售价格维持，而我国商业领域中存在的主要是单边政策型转售价格维持。双边契约型转售价格维持是美国反托拉斯法规制的重点，其最初被视为纵向卡特尔行为，所以美国法院非常重视行为双方是否存在“共谋”，若不存在“共谋”，则被视为单边行为，从而获得宽大处理。德国、日本传承了美国法中对双边契约型转售价格维持的规制态度，但其国内出现的转售价格维持又多属于单边型，所以，德国、日本对单边型转售价格维持规制较为严厉。这就形成了美国对单边型转售价格维持较为宽容，而德国、日本对单边型转售价格维持严厉禁止的立法情形。我国的《反垄断法》以垄断协议规制转售价格维持，形式上借鉴了美国对双边型转售价格维持的规制，但是我国商业实践中出现的又主要是单边政策型转售价格维持，这就必然导致司法与执法中的困惑。

6.2.3 对滥用相对优势地位行为规制的进路选择

相对优势地位是指，不具有市场支配地位的企业，在特殊情况下，对依赖其进行交易的相对人能够形成一种类似于垄断企业的支配性影响力，从而使该企业具有相对于其交易相对人的优势地位[①]。即，企业在市场中的份额并未达到具有市场支配地位的标准，但交易相对人因无法转向其他企业解决相同或类似产品或服务的供给或需求问题而对其产生了依赖性。所谓“依赖性”，指一个企业拒绝与另一个企业进行交易所导致的被拒绝交易的企业另行选择交易对象时存在困难或缺乏足够合适的选择。这种依赖关系主要基于品牌、物资短缺、长期的契约、优势的购买力量、有利的店址或商业圈而产生[②]。如果交易

① 李剑．相对优势地位理论质疑［J］．现代法学，2005，27（3）：101.
② 曹士兵．反垄断法研究［M］．北京：法律出版社，1996：149.

双方只是一次性或零星的交易，那么交易双方都拥有缔约或者不缔约的自由，双方经济实力或谈判能力之间的差异不会对缔约自由产生影响。但是，如果一个企业与另一个企业缔结有长期契约，则该企业会为此而进行人力资源、技术发展、销售渠道及商业信誉方面的投资，这些投资都可能会成为专用性投资而无法转作他用，如果该企业被突然停止供应，则前述投资将可能成为“沉淀成本”而无法收回，同时被停止供应的企业预期的竞争利益也会被剥夺。由此，需方对供方形成了依赖。这种依赖关系可能会使需方不得不接受不合理的交易条件。

从商业实践的角度看，这种依赖性强烈地表现为品牌依赖。品牌依赖的根源是消费者偏好。尽管消费者对某种品牌商品的偏好更多地来自产品的品质，但品牌所具有的来源识别功能及品质彰显功能是消费者直接选择品牌的根本原因。在相对优势地位理论的起源地——德国，两起典型的案例均与品牌依赖有关。在 1975 年的 Rossignol 滑雪板案中，法国滑雪板制造商 Rossignol 的市场占有率只有 8%，但其滑雪板的品质享有较高的声誉，部分消费者对 Rossignol 的滑雪板有强烈的偏好而不愿意购买其他品牌的滑雪板，即 Rossignol 滑雪板在这部分消费者心中具有不可替代的地位。制造商 Rossignol 拒绝对一家零售商继续供应滑雪板，该零售商也无法从其他渠道获得 Rossignol 品牌的滑雪板，则零售商的声誉及影响力均受到了损害。在 1976 年的 Asbach Uralt 案中，德国知名酒商所生产的 Asbach Uralt 白兰地尽管只有 12%的市场占有率，但其在消费者心中具有独特的地位。如果酒类批发商无法继续获得 Asbach Uralt 白兰地，其在批发市场上的竞争力将会被大大削弱。在这两起案件中，法院都认为下游的零售商或批发商对上游的生产商产生了依赖性。[①] 在我国的汽车行业，品牌依赖尤其明显。在既有的案例中，汽车供应商都表现出了相对于经销商的优势地位并利用这种优势地位强迫经销商接受转售价格维持。

我国《反垄断法》没有提出“相对优势地位”的概念，但在“滥用市场支配地位”一章中进行了相关规定[②]。《反垄断法》第二十二条规定：“本法所称市场支配地位，是指经营者在相关市场内具有能够控制商品价格、数量或者其他交易条件，或者能够阻碍、影响其他经营者进入相关市场能力的市场地位。”《反垄断法》第二十四条、二十三条规定了两种认定经营者的市场支配地位的

① 李剑．相对优势地位理论质疑［J］．现代法学，2005，27（3）：105.

② 徐士英，唐茂军．滥用相对支配地位行为的法律规制研究［J］．东方法学，2008（3）：43.

方式：一种是以市场份额为基础进行的推定，即当经营者的市场份额达到一定水平时，可推定其拥有市场支配地位，不需要考虑其他因素。另一种是通过对市场中若干因素的考量而进行的认定。其中第（四）项“其他经营者对该经营者在交易上的依赖程度”是认定经营者具有支配地位的情形之一，与“滥用相对优势地位”理论相符合。这种情形下的支配地位就是基于依赖性而非基于市场份额而产生的。但是如果结合第二十二条对“市场支配地位”的界定，这种相对优势又产生于市场支配地位，有关市场支配地位的认定要素就成为相对优势地位的认定条件。而市场支配地位的认定取决于相关市场的界定，主要需考虑相关产品市场和相关地域市场两个要素。相关产品市场划分越精细，认定具有市场支配地位的可能性就越大。所以，我国《反垄断法》对相对优势地位滥用行为有规制，但是其立基于市场支配地位的认定，是以绝对的市场优势地位为前提的，并没有将不具有市场支配地位但具有相对优势地位的主体的滥用行为涵盖在规制范围之内。事实上，相对优势地位的获得不以另一方具有压倒性的市场占有率为必要条件。因此，需要在现有法律之外另行对滥用相对优势的行为如何规制进行明确规定。

单边政策型转售价格维持主要表现为生产商利用其品牌优势而限制经销商或零售商的交易价格的行为。生产商或供应商控制着品牌资源，经销商或零售商一旦被停止供货，则其本身的投资及商誉都会受到极大的影响。比如，在强生案中，锐邦公司销售的产品全部来自强生公司，强生公司中断供货，不仅导致锐邦公司对客户的违约，还直接导致锐邦公司无法再开展任何业务。利用相对优势地位实施转售价格维持的认定要件需要明确：①主体要件，转售价格维持的主导者必须具有相对的市场优势地位，其判断依据是依赖性；对依赖性的判断需考虑交易数额、与主导者的投资关系、产品的重要程度等。②行为要件，转售价格维持的主导者滥用了优势地位，对转售价格进行限制。绝对优势地位与相对优势地位可能在多数情况下存在重合，有绝对优势地位的企业往往也具有相对于交易相对人的优势地位，但具有相对优势地位的企业并不必然具有绝对优势地位。对滥用相对优势地位实施转售价格维持行为的规制，主要针对不具有绝对优势地位，但却实施了滥用相对优势地位行为的企业。比如，汽车行业存在激烈的竞争，每个汽车供应商的市场份额都难以具有压倒性优势，但是汽车消费者的品牌偏好决定了每个汽车品牌都有自己的忠实消费群体，汽车经销商一旦选择其经营的品牌之后，就对该品牌的供应商产生了依赖性，如果汽车供应商限制经销商的交易价格，则经销商几乎没有讨价还价的余地。

单边政策型转售价格维持损害了自由竞争秩序。反垄断法的核心任务是维护自由竞争，因此，判断一行为是否应受反垄断法规制，应该以该行为是否妨碍了自由竞争秩序为基准。有相对优势地位本身不是反垄断法规制的对象，关键是是否滥用了这种优势并且损害了自由竞争秩序。滥用相对优势地位行为并没有对实施该行为的企业所在的市场的横向竞争产生不利影响，但是其滥用行为对上下游企业各自所在的市场产生了不利影响。单边政策型转售价格维持限制了零售商的定价权，也就限制了零售商自由竞争的权利，从而妨碍了零售商所在市场层面的竞争。进一步地，消费者的福利因为该滥用行为而受到不利影响，因为相对优势企业对转售价格的限制必然导致产品价格高于不受限制时的价格。据此，我国对转售价格维持的规制应在竞争自由价值导向下适用本身违法原则。无论如何，具有相对优势的上游供应商对下游零售商实施转售价格维持都是对自由竞争的侵害，这一点是毋庸置疑的。大陆法系的德国、日本禁止转售价格维持而无须对转售价格维持进行繁杂的经济分析也正基于此种价值取向。但是，经济学研究及实证经验都证明，在新产品进入市场时，转售价格维持具有促进效率的效果。因此，应允许生产商对此做出效率抗辩。我国可以学习欧盟的做法，对新产品实施转售价格维持做出期间段的限定。

6.2.4 对滥用相对优势地位行为规制的法律构造

将单边政策型转售价格维持作为滥用相对优势地位行为进行规制，需要解决两个关键问题：一是给出单边型转售价格维持与双边型转售价格维持的区分标准；二是从法律构造上将滥用相对优势地位行为与滥用市场支配地位行为区别开来。

前已述及，双边型转售价格维持往往表现为书面协议，协议双方通过平等协商的形式在经销合同中明确限定商品的转售价格，这一约定符合双方利益，是双方意思自治的结果。在协议执行过程中，双方会根据交易情况及利益分配需要对协议进行补充或修正，如果一方违反协议造成另一方利益受损，受损失一方可以根据合同的约定要求赔偿。在新产品进入市场阶段，生产商出于激励经销商存货、保证经销商利润、促进新产品销售等目的，会在分销合同中订立转售价格维持条款，经销商也更愿意接受这样的转售价格维持，双方利益一致。即使非新产品推广阶段，也存在生产商与经销商基于各自的利益考虑而共同协商采取转售价格维持的情况，尤其是生产商不实行地域限制，且在同一销售地域存在多个相竞争的授权经销商时。此种情况下的经销商，出于减少价格竞争的压力及保持自身利润的考虑，会同意并乐意采取转售价格维持。

单边型转售价格维持往往由上游生产商主导，在同经销商进行合作或交易之前，向经销商告知其应遵守的价格政策及管理政策，要求经销商在进入销售体系后执行。经销商要么同意执行，要么不被接受进入销售体系。一旦经销商同意执行，生产商则会与之签订经销合同，但经销合同中一般不包含转售价格维持的内容；在经销合同之外，生产商可能以会议发言、促销活动支持、培训材料等形式对经销商低于某价格或高于某价格销售的不利后果进行说服或暗示；一旦发现经销商有不符合生产商要求的价格，生产商会采取变相的措施对经销商进行报复。所以，单边型转售价格维持与双边型转售价格维持最大的区别是交易双方是否存在维持转售价格的合意。合意的判断，不以是否明确规定于合同中为准，而要以交易相对人的真实意思表示为准，以是否符合交易相对人的利益为准。当转售价格维持与地域限制相结合时，相关地域内不存在品牌内的其他经销商，特定经销商可能面临来自其他品牌的竞争，也可能是独占式的经营，这种情形下的转售价格维持与经销商的真实意思冲突最为明显。

滥用相对优势地位是指具有相对优势的经营者利用交易相对方对其产生的依赖性而强制要求交易相对方接受其不合理的交易条件。德国《反限制竞争法》第二版将相对优势地位区分为“相对交易优势地位”和“相对市场优势地位”，并且将滥用相对优势地位与滥用市场支配地位行为相结合，构成了对滥用市场支配力行为的完整规制体系。① 德国法中相对交易优势地位概念的引入主要是为了解决供方与需方因产生了依赖关系而引起的被依赖方对市场力的滥用问题。因德国法允许品牌商品的生产商通过推荐价格或者折扣力度等从事价格约束行为，意味着其允许实施转售价格维持行为。但是德国法不允许品牌供应商利用依赖关系设置其他不合理的交易条件，如果某一零售商必须依靠出售某一品牌供应商的知名商品才能保持自己的竞争力，则该知名商品的供应商就有供货的义务。如果供应商停止供货，就构成对相对交易优势地位的滥用。

滥用相对优势地位行为的特征：①相对性，该行为发生在特定的具有上下游关系的交易主体之间，而且交易主体之间的实力存在差异。比如，德国《反限制竞争法》第五版把被保护的一方限定为“中小企业”，另一方为中小企业

① 袁嘉．德国滥用相对优势地位行为规制研究：相对交易优势地位与相对市场优势地位的区分[J]．法治研究，2016（5）：123－124.

所依赖的企业或企业联合组织。[①] 之所以将被保护对象限定为中小企业，是因为中小企业的资金及技术实力较弱，资源较为有限，没有能力与实力获得公平的交易条件，须通过竞争法介入保障其交易自由。中小企业的认定应结合该企业所处行业的特点、经营模式、经营规模等。②依赖性，即交易相对方在资源、销售渠道、核心技术等方面对优势方产生了依赖。何为依赖？一般是指经营者对交易相对方施加的支配性影响，使交易相对方依赖其生存，如果脱离该经营者，则交易相对方缺乏其他可替代的交易选择，即交易相对方不具备足够的转向可能性。[②] 依赖性的产生可能基于需求的不可替代性、供应的稀缺性、合作的长期性、商品种类的齐全性等。特定的相关市场上提供相竞争商品的企业数量越多，可选择的交易对象越多，转向的可能性越大。而足够及合理的转向可能性可以通过供应方与需求方各自的市场份额、企业规模、专业化程度、商品种类是否齐全或者紧缺程度等进行证明。[③] 比如，大型零售商因其舒适的购物环境、专业周到的服务、品类齐全的商品而对终端消费者形成强大的吸引力，商品的供应商通过该大型零售商的渠道销售商品可能会获得较稳定的市场回报，也会因此形成对该大型零售商的依赖。反之，供应商通过提升商品的质量、品牌、声誉等也可以使其商品获得消费者青睐，而零售商要获得该供应商的商品才能确保其品类齐全并吸引消费者，如果供应商不能确保商品的供应则会影响零售商的市场吸引力。这种情况下，零售商就对该供应商产生了依赖。“依赖性”与“缺乏转向可能性”必须同时具备。只有在交易相对人对经营者产生依赖性并且缺乏转向可能性的情况下才能认定具有相对优势地位，如果仅仅是交易相对人单方产生的依赖性，客观上仍有其他选择则不能认定具有依赖性。另外，仅有依赖性还不足以表明相对优势地位的存在，还需要证明缺乏转向可能性，即产生了某种锁定效应，才能推定相对优势地位的存在。相对优势地位本身并不具有非法性，相对优势地位主体享有的经营自主权、竞争自由权并不因此而减损，其经营过程中的形成的资源、竞争利益仍受到法律的平等保护。③单方性，即优势方基于自身单方意志而设定不合理的交易条件，该条件不符合交易相对人的利益，与交易相对人的意愿并不一致。

滥用相对优势地位与滥用市场支配地位有一定的相同点，如都需要在一定

---

①③ 袁嘉．德国滥用相对优势地位行为规制研究：相对交易优势地位与相对市场优势地位的区分［J］．法治研究，2016（5）：124.

② 江怡．滥用相对优势地位的法律规制［J］．人民司法，2022（10）：101.

的范围内具有市场地位，都会对市场竞争秩序产生不利影响。但两者之间的区别也较为明显：从实施主体看，滥用市场支配地位的主体在相关市场具有能够控制商品价格、数量或者其他交易条件，或者阻碍、影响其他经营者进入相关市场的绝对支配力，横向的市场力量优于相关市场内的所有其他竞争者；而相对优势地位的实施主体并不必然具有相关市场的控制力，但是其具有相较于交易相对方的优势地位，强调纵向市场力量对比中的决定权。对滥用市场支配地位的认定，需要首先确定经营者所在的相关产品市场及地域市场，进而从经营者在相关市场的市场份额、经济实力、技术实力、对市场准入的影响等方面判定其是否具有对相关市场的控制力，并分析其行为是否具有正当理由，才可得出最终结论；而相对优势地位的认定主要看交易双方的力量对比来，判断交易相对方是否产生了一定程度上的依赖性。相对优势地位以个体交易关系为判断依据，依赖性是这种交易关系的核心；市场支配地位以经营者在市场中的地位为判断依据，对市场的控制力是这种对比关系的核心。通常，具有市场支配地位的经营者与其交易相对方相比一定具有相对优势地位，而具有相对优势地位却不一定有市场支配地位。从滥用的法律后果上看，滥用市场支配地位宏观上损害了相关市场的公平竞争，使其他经营者的利益受损，而滥用者依此进一步维持、巩固其市场支配地位；滥用相对优势地位则是微观上损害交易相对方的竞争自由权。

在反垄断法与反不正当竞争法分立模式下，滥用相对优势地位行为究竟应当由反垄断法规制还是由反不正当竞争法规制存在争议。不正当竞争说认为，反垄断法对市场支配力的规制是以 SCP 范式作为逻辑起点的，核心是市场结构，判断依据是市场份额，具有较高市场份额的经营者才可能滥用市场支配地位，而滥用相对优势地位行为如果是具有市场支配力的经营者所为，可以被滥用市场支配地位行为吸收，无须专门规制；如果不是具有市场支配力的经营者所为却被置于反垄断法的规制之下，则会打破 SCP 范式，瓦解市场结构要素在反垄断法中的基础地位，与反垄断法的体系也不相容①。另外，相对优势地位与市场支配地位在力量对比、考察因素、适用方法、界定标准等方面均存在显著差异，滥用相对优势地位的受害者一般限于交易相对方，并不会导致相关市场的所有其他参与者遭受损失，更容易产生微观化的市场效应，未达到严重

① 李剑．论结构性要素在我国《反垄断法》中的基础地位：相对优势地位滥用理论之否定 [J]．政治与法律，2009 (10)：121－129.

破坏市场竞争自由而需要反垄断法进行惩治的程度，适合以反不正当竞争法进行规制[①]。垄断说认为滥用相对优势地位行为兼具不正当竞争与排除、限制竞争的双重属性，该行为的表征是不正当竞争，但其目的是排除、限制竞争，以获得类似垄断状态下的超额利润。以平台“二选一”为例，垄断说将电商平台的“二选一”要求视为排挤相关市场内其他平台竞争者、增加自身市场占有率的排除、限制竞争行为[②]。认为禁止滥用相对优势地位制度可以作为我国《反垄断法》与《反不正当竞争法》协调与衔接的桥梁。[③] 但是认为滥用相对优势地位仍然是一个更接近反垄断法的问题。[④] 学界之所以出现这种分歧，一个很重要的原因是立论基础不同，或者所针对的具体行为不同。垄断说主要针对近些年互联网平台经济出现之后的“二选一”行为，而不正当竞争说主要针对大型超市等零售商索要通道费、上架费等行为。对于转售价格维持而言，双边型已被《反垄断法》归入纵向垄断协议进行了明确规定，单边型应当再区分为具有市场支配地位者实施与不具有市场支配地位者实施两种情况。这样对转售价格维持的规制就呈现出如图 6－1 所示的体系，而理论上所称的滥用相对优势地位特指不具有市场支配地位者所实施的滥用行为。

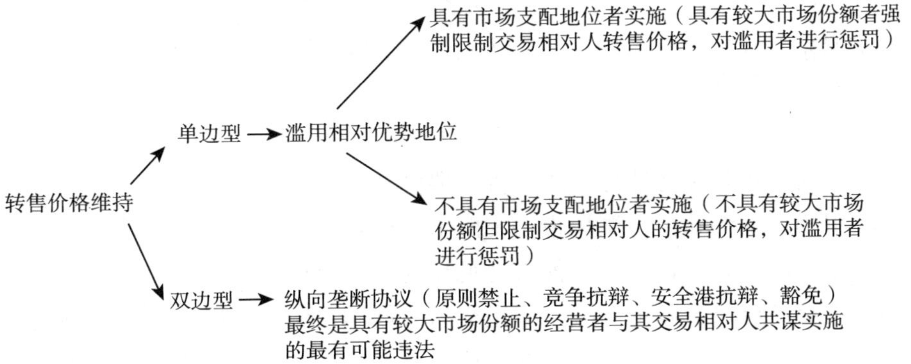

图 6－1　转售价格维持规制分类

① 龙俊．滥用相对优势地位的反不正当竞争法规制原理［J］．法律科学（西北政法大学学报），2017（5）．48－59.

② 伍富坤．滥用相对优势地位的《反垄断法》调整［J］．西南交通大学学报（社会科学版），2020（5）：136.

③ 王先林．反不正当竞争法的修订与竞争法体系的协调与衔接［J］．中国市场监管研究，2017（12）：28－31.

④ 王晓晔．论滥用“相对优势地位”的法律规制［J］．现代法学，2016（5）：79－92.

滥用相对优势地位行为由反垄断法规制还是反不正当竞争法规制在理论上的分歧也反映在我国《反不正当竞争法》与《反垄断法》修订的过程中。前已述及，《反不正当竞争法》征求意见稿中曾出现过滥用相对优势地位行为相关的规定，而在《反垄断法》修订时曾出现过的专家修改意见稿也有设立滥用相对优势地位制度的建议。学界注意到的一个事实是，随着营商环境的不断优化，技术的更新换代日益频繁，除因法律政策而形成的自然垄断行业外，一些经营者由技术优势而获取的垄断地位容易随着竞争的不断加剧而受到巨大冲击，市场份额会被逐渐压缩，在相关市场中的地位也会发生变化，可能从一个具有市场支配地位的经营者沦为具有相对优势地位的经营者，甚至可能在优势殆尽后成为一般企业。但是企业在具有市场支配地位向相对优势地位转化过程中，或者从相对优势地位向市场支配地位转化过程中，均存在滥用相对优势地位的可能。若只对滥用市场支配地位行为进行规制，并不能满足现实需要。尤其是网络平台经济发展以来，由于平台内经营者对平台经营者的依赖，即使平台经营者还未获得市场支配地位也具有相对优势地位，滥用这种相对优势地位损害平台内经营者竞争自由的行为已经出现在经济现实中。作为回应，我国《电子商务法》中对电子商务平台经营者对平台内经营者在平台内的交易、交易价格或者与其他经营者的交易等进行不合理的限制或者附加不合理条件的，由市场监督管理部门责令限期改正，可以处 5 万元以上 50 万元以下的罚款；情节严重的，处 50 万元以上 200 万元以下的罚款。可见，与滥用市场支配地位相比，滥用相对优势地位的法律责任要温和得多。

滥用相对优势地位与滥用市场支配地位的具体类型存在高度重合，以《反不正当竞争法》修订过程中的征求意见稿为例，滥用相对优势地位行为的类型包括限定交易对象、限定商品、限定交易条件等，两者之间主要的区别是主体的市场地位。反垄断法以市场支配地位为要件对限制竞争行为进行规制，没有必要再扩张其适用范围对尚不具有支配地位而具有相对优势的情形再做规定，因为不具有市场支配地位的市场主体的行为对市场的影响范围和程度有限，若以反垄断法进行规制，不符合反垄断法的谦抑性原则。滥用相对优势地位在个体竞争权益受到损害的基础上进行分析，以造成相对方利益损害为结果。因为滥用相对优势地位的本质是交易双方的力量对比与相互博弈，并不涉及交易主体之外的市场结构，也不同于垄断协议对市场中其他经营者造成的损害[①]。相

① 江怡．滥用相对优势地位的法律规制［J］．人民司法，2022（10）：104.

对优势地位本身并不具有可归责性，可归责的是对这种相对优势地位的滥用。对滥用的考察，需要在个案中考虑是否有正当理由或是否违背行业商业道德，是否减损其他经营者和消费者的权益。下游零售商或者网络平台经营者作为相对优势地位主体实施转售价格维持往往违背交易相对人意愿，侵害交易相对人的定价自由。而定价自由是经营自由、契约自由的核心，利用相对优势地位剥夺交易相对人的定价自由难以被证明具有正当性。尽管如此，滥用相对优势地位的违法性却不以交易相对人的实际损害为充分条件。即使在个案中，这种损害也不以具体交易相对人的实际损害为限，而应重点考察对竞争的损害和影响，不能用竞争者损害替代竞争损害。

实践中交易产生依赖性的情形集中在中小供应商与大型零售商之间、具有品牌比较优势的供应商与中小经销商之间；对依赖性的认定虽然也考虑市场结构要素，但是考察市场结构时重点不是市场份额，重点是纵向的具体交易关系中交易相对人的竞争自由，而不是相关市场整体的竞争秩序。这就决定了对不具有市场支配地位的经营者的滥用相对优势地位行为的规制更适合纳入反不正当竞争法的体系，这样比较符合竞争法的功能界分。因为，反垄断法偏重保护整体的竞争秩序，更具有社会法的性质，而反不正当竞争法偏重保护个体的竞争权利，更具有侵权法的性质①。滥用相对优势地位实施转售价格维持损害的是交易相对方的竞争自由，因为交易相对方作为中小型经营者没有足够的谈判筹码，甚至不具有平等的谈判地位，而相对优势方利用品牌、技术、渠道等掌握着主动权，可以更多地从自身利益出发确定谈判内容并最终决定谈判结果。所以，对滥用相对优势地位行为的规制主要考虑保护中小企业的利益，把不具有市场支配地位的经营者的单边型转售价格维持定性为滥用相对优势地位行为就是要保护中小企业的定价自由及由此带来的利益。在法律责任上就应当区别于滥用市场支配地位。具有市场支配地位者实施转售价格维持时适用禁止滥用市场支配地位制度规制，依据反垄断法承担责任；不具有市场支配地位者实施时适用禁止滥用相对优势地位制度规制，依据反不正当竞争法承担责任。前已述及，滥用市场支配地位是对相关市场宏观竞争秩序的破坏，行为危害性较大，如果法律责任较轻则不足以规制相应的垄断行为，而滥用相对优势地位更接近于侵权行为，滥用者的市场地位决定其影响力，行为的危害性相对较轻，

① 袁嘉．德国滥用相对优势地位行为规制研究：相对交易优势地位与相对市场优势地位的区分[J]．法治研究，2016（5）：130.

法律责任设定也应较轻。

6.3 立法应当明确规定转售价格维持的适用除外

反垄断法上的适用除外制度，是指对某些特定行业、领域或在特定条件下，允许一定的垄断组织或垄断行为可以合法存在的法律制度①。适用除外包括适用例外和适用豁免两种情形②。适用例外，指因为行业或行为本身的特殊性而不受反垄断法的规制，如自然垄断行业和知识产权保护行为。适用豁免，是指行为本身属于反垄断法上的限制竞争行为，但出于国家利益、社会利益或其他考虑，免予追究该行为在反垄断法上的责任的法律制度。转售价格维持的适用除外，指在一些特殊行业或特殊的产品，对社会整体利益有重要影响或对特定的社会成员十分有利，并且对整体市场的竞争影响不大的前提条件下，允许其使用转售价格维持。考虑到奢侈品、图书等产品的特殊性，应允许其使用转售价格维持。

6.3.1 对奢侈品转售价格维持的豁免

奢侈品是“一种超出人们生存与发展需要范围的，具有独特、稀缺、珍奇等特点的消费品，又称为非生活必需品③”。其主要特征是产品价格中包含的功能性效用比率较低而无形的情境性效用比率较高④，即奢侈品的实际功能与其价格不成正比，那些无形的因素如社会地位、心理感受等在价格中占有较高比重。奢侈品的消费者不仅不会因为价格低廉而购买商品，甚至可能会抛弃具有“价格优势”的零售商。另外，奢侈品的生产商并不致力于提高产量，而是理性地制造稀缺性，从而使产品的价格并不降低。因为在奢侈品消费方面，低价格不是优势⑤。又因为奢侈品并非必需品，尽管其使用价值与普通产品无异，但在使用价值之外，奢侈品能够满足消费者的自我身份认同或精神层面的需要。这种效用是消费者愿意支付高价格并且也正因为产品的高价格才愿意购买的缘由。

---

① 史际春，杨子蛟．反垄断法适用除外制度的理论和实践依据［J］．学海，2006（1）：74.
② 齐虹丽．例外与豁免：中国《反垄断法》适用除外之观察［J］．法学杂志，2008（1）：17.
③ 朱晓辉．中国消费者奢侈品消费动机的实证研究［J］．商业经济与管理，2006（7）：42.
④ 李剑．奢侈品转售价格维持的反垄断豁免［J］．法学，2011（5）：40.
⑤ 龚焕．高端酒产品转售价格维持问题研究［D］．上海：上海交通大学，2013：9.

反垄断法不应当干预消费者的偏好。奢侈品零售商的特别服务对消费者更有吸引力，零售商之间的竞争也主要体现为对这部分消费群体的争取。转售价格维持限制了同一品牌零售商间的价格竞争，却促使零售商之间展开非价格领域的竞争。经济学理论认为，在相对富足的时代，企业需要不断创造需求，而消费者对服务的需求是无限的。奢侈品的消费者对价格不敏感，其更重视非价格因素，如专门化的服务以彰显地位及身份。奢侈品的服务是其成为奢侈品的很重要的原因，而服务是不能单独收费的，所以生产商会大量运用返利作为对零售商服务的激励与补偿。但是，由于这种服务容易产生外溢，零售商的机会主义行为也时有发生，通过不提供或少提供有关服务，搭其他提供服务的零售商的“便车”，以略低的价格销售商品仍能获得较高利润，因为奢侈品的降价空间很大，不提供有关服务而以较低价格出售奢侈品对消费者的吸引力较大。但是这种行为会打击提供服务的零售商的积极性，久而久之会影响品牌形象，进而影响所有零售商及生产商的利益。实践中实施转售价格维持的生产商有非常重要的一项激励措施——返利，返利措施能使高效率零售商获得更多利润，从而获得更多资金购入更多产品，同时，更大的现金流、更好的售后服务、成本更低的物流，使生产商更偏爱进货量较大的下游零售商。较低效率零售商或零售商很可能会在竞争中被淘汰出市场。即通过返利措施，转售价格维持能够淘汰低效率零售商。这种效果有利于整体市场效率的提高。也许正因为如此，芝加哥学派认为将转售价格维持被认定为违法既无理论基础，也无经验支持，是一种令人难过的错误①。

对奢侈品适用转售价格维持能满足特定消费者群体的特殊需求，又不会对市场竞争产生影响。同时，奢侈品的消费能够促进奢侈品的生产，而奢侈品的生产对创新消费品生产工艺技术、建设资源节约型和环境友好型社会、扩大消费需求、促进经济发展等亦有重要意义②。所以，奢侈品的转售价格维持可以适用除外规定。奢侈品的范围界定可以参照世界品牌实验室的指标，通过市场评估的方式确定。我国本土的一些高档的烟酒、仿古家具、高档服装、珠宝首饰等可列入奢侈品行列。

---

① 波斯纳．反托拉斯法［M］．孙秋宁，译．北京：中国政法大学出版社，2003：43.

② 马伯钧．论我国的奢侈品生产和消费：也论马克思《资本论》的奢侈品生产和消费思想［J］．社会科学，2013（2）：40.

6.3.2 对纸质出版物的适用除外

纸质图书的转售价格维持发端于英国。大约从20世纪开始，英国出版商利用净价图书协议来限制英国书籍的零售价格，零售商必须按照出版商指定的价格销售图书，如果零售商违反协议，则会被拒绝提供书籍。英国1964年的《转售价格法》禁止任何个人实行转售价格维持，净价图书协议中的出版商显然限制了零售商销售书籍的零售价，依据该法应属违法。为了寻求豁免，出版商对净价图书协议进行了调整。1962年，英国法院授予净价图书协议豁免权，巴克利法官强调书籍不同于其他商品，认为净价图书协议符合社会利益①。后来，随着图书零售模式的变化，图书净价协议的执行变得越来越困难。1997年，英国法院正式废止了净价图书协议，零售商可以自由地将价格设定在低于出版商建议价的水平而不会受到停止供货的威胁。无论如何，出版商可以在书籍上印刷建议零售价。

赞成出版物转售价格维持的观点认为，该措施能够使畅销书的较高定价所获取的高利润在出版商和销售商之间合理分配，弥补小众图书可能导致的亏损，激励零售商展示更多品种的图书并积极销售图书，从而能够促进出版物的多样性，对整个社会文化事业的发展具有推动作用。反对者认为对出版物实施转售价格维持与出版物的多样性之间并不必然存在关联，认为出版物的多样性从本质上讲应该指出版物内容的多样性或差异性，这种内容上的差异是不同的思想、观念、文化的反映。随着电子书、电子期刊、微博、微信等电子出版模式的出现，出版物的发售已经突破了管理上的限制，已然呈现出了多样化的特征。显然，反对者是从电子出版物内容多样化的角度看待转售价格维持的。但是就经典纸质图书而言，转售价格维持还是有推动出版物多样化的作用的。

我国图书出版领域一直以来实行的是最高转售价格模式。随着数字出版技术的发展，图书出版的成本已经大大降低，网络书店的发展也使图书经销商的库存成本和书店经营的固定成本大幅下降，电子书的发展也改变了传统的图书出版发行体制。在成本下降、网络书店迅猛发展、数字化阅读群体不断扩大的情况下，网络书店、电子书对传统书店、纸质书的价格都形成了有力的冲击。如果实行德国式的图书定价，毫无疑问会对这些新兴的营销模式产生影响，就像亚马逊在德国零售市场的遭遇一样。但是德国模式最大的优点是能够保证实

① 费兰芳．反垄断执法经济效果事后评估机制研究［M］．广州：暨南大学出版社，2019：111.

体书店的利润，实体书店作为一种文化场所，折射着城市文明的程度和城市文化的厚重，是一种文化传承的象征与桥梁。从这个意义上说，不能完全以市场或效率衡量实体书店存在的价值。要保护实体书店，就需要消除网络出版模式或网络营销模式对实体书店的价格冲击，限定图书的转售价格就是必要的机制。

转售价格维持机制与出版物内容上的多样性存在一定的关联，即如果转售价格维持能够给予创作者足够的激励，那么创作者会有更多的作品问世，出版物的多样性就是必然结果。尽管转售价格维持并不直接发挥这种作用，许多出版物的版权使用费是一次性支付，出版发行之后的收益与创作者并无直接联系，但是图书是否畅销直接影响一次性支付的价格。从这个意义上说，转售价格维持与出版物的多样性之间存在关联。但我国的图书出版管理体制阻碍了大量以传统形式存在的作品的问世。如果出版市场存在更简便、快捷的发售模式，那么会有大量优秀的符合市场需求的作品出现在文化市场。随着电子书、电子期刊等电子出版模式的出现，出版物的发售已经突破了管理上的限制，呈现出了多样化的特征。转售价格维持促进出版物的多样化主要是通过对出版商和销售商的激励完成的。

转售价格维持在出版行业存在两面性。一方面，它能够使畅销书凭借较高定价所获取的高利润在出版商和销售商之间合理分配，以弥补小众图书可能带来的亏损；另一方面，它能够避免销售商之间的价格竞争，使小众图书也可以获得相应收益。在绝大多数国家和地区，出版业在出版商和销售商环节的市场化竞争已经比较充分，出版物的转售价格维持对这两个环节的作用有限。然而，我国的图书批发环节市场集中度过高，使得批发商能够利用其在出版物供应市场的影响力，通过转售价格维持的手段，限制下游销售商之间的竞争。这种限制最终会影响消费者的购买价格，损害消费者的利益。

7 结　语

我国《反垄断法》对转售价格维持的规定主要以《欧盟运行条约》第101条的内容为蓝本，借鉴了美国的合理原则。美国《谢尔曼法》并未明确对转售价格维持进行规制。美国对转售价格维持的规制是以《谢尔曼法》第一条中有关“共谋”的规定为依据的。美国对“共谋”的担忧，源于托拉斯组织的发展、壮大及其对整个社会的政治、经济所带来的负面影响，而转售价格维持协议最先被作为一种“共谋”对待，也正是基于这样的背景和逻辑而产生的。美国反托拉斯法基于对共谋行为的警惕而对双边型转售价格维持所可能产生的排除与限制竞争的效果给予了高度关注，美国法院因此对双边型转售价格维持适用本身违法原则，但对单边政策型转售价格维持却比较宽容，认为后者能够带来效率。美国对转售价格维持的规制是以判例法为主的，这些判例又深受某一时期的某一经济学派影响，哈佛学派、芝加哥学派、后芝加哥学派都对转售价格维持进行过研究并且提出过具有影响力的论断，这些经济学论断深刻影响了相应时期的判决。而且，美国对转售价格维持的规制呈现出了从重视零售商层面的竞争到重视生产商的效率、从重视品牌内竞争到重视品牌间竞争这种价值取向方面的变化。这种变化使反垄断法的不确定性更加突出，使反垄断法的合理原则获得了越来越多的适用空间。美国的本身违法原则实质上是以自由竞争为价值导向的，而合理原则实质上是以效率为价值导向的。

德国与日本均于第二次世界大战后由美国强行推进反垄断立法，所不同的是，德国此前的转售价格维持已经比较普遍，而日本商业活动中的转售价格维持并不多见。两国立法机构及执法机构在反垄断法实施过程中都充分考虑了本国的实际情况，尤其是日本，其注意到本国的转售价格维持主要是单边政策型，严重损害了经销商的竞争自由，所以直接规定其本身违法。欧盟、德国及日本等大陆法系国家和地区在竞争政策方面并不以经济理论为依据，其更加重视在法律技术上对某一行为进行规制，经济理论分析只能服务于法律条文。在提高生产商效率与零售商自由竞争这两个价值目标上，大陆法系国家和地区更重视零售商的自由竞争。价值取向不同导致了不同的法律原则。本身违法原则运用的是法律判断，一旦被归为违法，其后果就不能被推翻。而合理原则运用的是事实判断，对事实的判断会因具体情况不同而产生不同的后果，法律技术上需要对不同的事实赋予不同的法律后果。单边型转售价格维持一定是损害自由竞争的，因此大陆法系国家和地区认为其本身违法。虽然规定有豁免制度或适用除外，但是豁免制度或适用除外不同于合理原则，因为合理原则可以单独完成对某一行为的违法性认定，而豁免制度必须与禁止性条款结合适用才是完整的。

从“法条主义”视角观察，可以发现制定法都有特定的逻辑结构。欧盟竞争法脱胎于德国《反限制竞争法》，而德国《反限制竞争法》有高度的逻辑自洽性，其并没有为合理原则留有空间。我国《反垄断法》深受欧盟竞争法的影响，在体系上具有严密的内在逻辑，对其具体条文的解释必须在体系化的逻辑之下进行才具有说服力。我国原《反垄断法》第十三条对“垄断协议”的界定使用了“排除、限制竞争”这样的用语，对该用语的不同解释导致了原《反垄断法》适用中的分歧。这种分歧产生的原因，在于反垄断法所规定的转售价格维持主要是双边协商型的，而我国现实经济中出现的转售价格维持多为单边政策型。若将“排除、限制竞争”看作转售价格维持的效果，则无法解释原《反垄断法》第十五条的豁免制度的作用。因为豁免的前提是违法，若不违法则不存在豁免问题。如果在判定转售价格维持是否违法的过程中就要进行正负效果的判断，有关豁免的规定将毫无意义。这一点与美国判例法对转售价格维持的审理思路显然不同。美国判例法判定行为违法的重点在于其是否限制竞争或损害效率，竞争被进一步区分为品牌内竞争与品牌间竞争，并对两种竞争的重要性进行排序，认为品牌间竞争更重要，进而在品牌间竞争不受影响的情况下推导出转售价格维持对效率的提升，据此判定转售价格维持合法。

我国的转售价格维持多由处于相对优势的生产商主导，并且多与纵向非价格限制相结合，属于典型的单边政策型转售价格维持。尽管这种转售价格维持的市场覆盖率较高，但生产商之间仍存在较为激烈的竞争。因此，对其规制应以零售商竞争自由为导向，将其归入滥用相对优势地位行为进行规制，同时允许奢侈品及纸质出版物的除外适用，对双边型转售价格维持则允许进行效率抗辩。以此为基础，我国《反垄断法》对转售价格维持的规制应进行改造。将单边型转售价格维持纳入滥用相对优势地位行为，将我国原《反垄断法》第十四条视为对双边型转售价格维持的规制，则第十三条所界定的垄断协议与第十四条之间的逻辑关系是，第十四条列举的协议是否违法，要视其是否具有第十三条所规定的排除、限制竞争的情形，若具有排除、限制竞争的情形，则非法；否则，并不违法，但协议也不具有法律效力。原《反垄断法》第十五条的规定仅是针对第十三条所列行为的豁免，第十四条的垄断协议不存在豁免情形。前述强生案及深圳有害微生物案的判决都秉承了合理原则的分析路径，但其依据不是原《反垄断法》条文，而是美国的司法经验及经济学理论。这种分析路径没有正视我国的经济现实，没有考量我国反垄断法应秉持的价值取向，导致了不应有的论争。我国反垄断执法机构实质上采取了单边政策型转售价格维持的规制进路，考虑了拥有品牌资源的生产商所具有的市场优势、转售价格维持对经销商定价权的限制以及对消费者利益的影响。

《反垄断法》修订后，对转售价格维持仍然遵循“原则禁止＋例外豁免”的规制进路。虽然增加了竞争效果抗辩与安全港抗辩，但是整体上并未改变修订前的规制进路。这样的规制进路实质上达到了适用合理原则的效果，只不过又不同于美国法中的合理原则。美国法中的合理原则将转售价格维持是否具有排除、限制竞争效果的举证责任分配给了反垄断执法机构或者反垄断诉讼中的原告，反垄断执法机构要举证并分析论证个案中转售价格维持对相关市场竞争的影响，被告可以抗辩其行为对竞争并未造成损害，但被告的抗辩并不是必有环节，即使没有被告的抗辩，若反垄断执法机构经调查取证分析后认定不会损害竞争，则转售价格维持就不违法。我国现行《反垄断法》的规制进路把竞争效果的举证责任分配给了经营者，若经营者能证明其市场份额在安全港范围内，且符合反垄断执法机构规定的其他条件，则不予禁止；若经营者的市场份额在安全港范围以外，经营者能证明其转售价格维持不具有排除、限制竞争的效果，则不予禁止；若经营者不能证明不具有排除、限制竞争的效果，则应予以禁止，除非经营者能证明其转售价格维持排除、限制竞争的程度并不严重且属于可以豁免的情形，并能使消费者分享由此而产生的利益，则可以被豁免。这样的规制进路降低了反垄断执法机构的执法成本，但增加了经营者的竞争效果证明及市场份额证明负担。未来是否需要进一步降低安全港规则的适用条件，有待进一步积累经验。

后　　记

本书以我的博士学位论文为基础修改而成。在撰写博士论文过程中，适逢李丹博士在台湾访学，请她帮忙搜集了部分宝贵资料，尤其是王铭勇博士的学位论文。王铭勇博士在其论文中对各国尤其是美国、德国和日本转售价格维持制度的详尽翻译与介绍，拓展了我的视野。由于各种各样的主客观原因，我的博士论文写作断断续续，总不能很好地贯通下来，但核心问题时时萦绕于心，可以说从未有任何问题像毕业论文一样深深地融入了我的生活。尽管如此，毕业论文中仍有些关键问题并未进行深入探讨。随着我国《反垄断法》的修订，安全港规则正式入法，转售价格维持有关的立法日益完善，毕业论文的修改也颇为必要。受我所供职的南阳师范学院的资助，使修改后的博士论文能得以出版。在此，感谢我生命中的贵人——尊敬的导师胡光志教授给了我宝贵的攻读博士学位的机会！成为胡老师的弟子，是我终生的荣幸！胡老师在论文写作方面给予了我悉心指导与热情鼓励，他严谨的治学态度、高尚的人格、如阳光般灿烂的笑容，将永远激励我！感谢重庆大学法学院所有为我提供帮助的老师！感谢我的工作单位给我提供的良好条件！感谢李丹博士和卫乐乐博士为我提供的宝贵资料！感谢家人给我的理解、鼓励、支持和包容！感谢懂事又可爱的女儿给我带来的生活乐趣！但愿在以后的工作中有更好的表现，勤勉踏实，不负此生！

黄秋娜

二〇二三年十月于南阳